Rémy Dzou Tsanga

Du corps de garde au palais

Une archéologie des sièges de commandement indigène au Cameroun central

À la mémoire du Professeur Joseph-Marie Essomba

Rémy Dzou Tsanga

DU CORPS DE GARDE AU PALAIS

Une archéologie des sièges de commandement indigène au Cameroun central

ibidem
Verlag

Bibliografische Information der Deutschen Nationalbibliothek
Die Deutsche Nationalbibliothek verzeichnet diese Publikation in der Deutschen Nationalbibliografie; detaillierte bibliografische Daten sind im Internet über http://dnb.d-nb.de abrufbar.

Bibliographic information published by the Deutsche Nationalbibliothek
Die Deutsche Nationalbibliothek lists this publication in the Deutsche Nationalbibliografie; detailed bibliographic data are available in the Internet at http://dnb.d-nb.de.

Coverabbildung: Palais d'Albert Atéba Ebe, Chef Supérieur des Eton Est (Obala, au Cameroun). Construit pendant la période coloniale française de 1923 à 1925, cette résidence est le reflet d'une époque glorieuse du commandement indigène au Cameroun central. Photo réalisée par Rémy DZOU TSANGA, 2007.

ISBN-13: 978-3-8382-1536-5

Printed in the EU

Je tiens à exprimer ma gratitude à tous ceux qui ont œuvré pour la réalisation de ce travail. Je pense notamment :

Au Professeur Elouga Martin pour les discussions scientifiques qui ont amélioré la qualité de cette production.

Au Professeur Onguéné Essono Louis Martin pour son soutien permanent et multiforme. Le Dr Akoa Amougui Pierre Roméo est resté disponible pour les relectures. Qu'il en soit remercié.

Aux techniciens qui ont réalisé la carte, les dessins, les relevés graphiques notamment : Maurice Roger Akame, Benjamin Niomi, Tsanga Ebodé Claude François de regretté mémoire et au Dr Vendelin Abouna Abouna ;

Aux informateurs Fouda Thérèse (pharmacienne); Okala Camille (ancien diplomate) ; Nkoa Raymond (notable du village Lebamzip) ; Onguéné Mebara Joseph, (chef de groupement de Lebamzip) ; Zogo Ferdinand, (ancien secrétaire de Zogo Kounè) ; Ntsama Onana, Mvondo Melingui, Mboudou Telesphore (notables du village Ngoulemekong) ; Ateba Nomo Albert, (chef de groupement d'Obala). Ils sont de véritables dépositaires des savoirs ancestraux qui nous ont permis d'appréhender les techniques archtectecturales.

Table des cartes, figures, photographies et tableaux

Cartes

Figures

Photographies

Tableaux

Glossaire

Appareil : Façon de tailler et d'assembler les matériaux constituant une maçonnerie (briques, parpaings, pierres). On distingue trois types d'appareils. Le petit appareil, hauteur des lits inférieure à 15 centimètres. Le moyen appareil, hauteur des lits 15<h<40 cm et le grand appareil, h>40cm.

Archéologie du bâti : c'est une approche de l'archéologie qui étudie les élévations de toute construction bâtie, qu'elles soient religieuses (églises, abbayes), militaires (châteaux) ou laïques (maison). D'où son autre appellation : Archéologie des élévations ou de la construction. Celles-ci peuvent être en matériaux durs (pierres), ou, bien que ce soit plus rare en matériaux périssables (bois, torchis, écorces d'arbre).

Baie : Ouverture pratiquée dans un mur pour servir de porte ou de fenêtre.

Bauge entre claies : C'est la technique la plus couramment employée dans les pays tropicaux et qui consiste à recouvrir les ossatures portantes et les claies de potopoto (bauge). Les claies sont réalisées en matériaux végétaux notamment les lamelles de branche de palmier à huile ou de palmier de raphia ligaturées avec des lianes naturelles. On peut aussi recourir au fil d'attache.

Crépi : Couche de mortier appliquée sur un mur pour préparer sa surface.

Enduit : Couche de mortier, de ciment ou de plâtre appliquée sur une surface de maçonnerie pour la lisser ou pour la décorer d'une peinture.

Entrait : Poutre horizontale qui relie la base des arbalétriers dont elle maintient l'écartement.

Joint : Intervalle entre les pierres ou les briques superposées.

Lit : surface inférieure (lit de dessus) ou supérieure (lit de dessous) d'une pierre ou d'une brique.

Moellon : Pierre non taillée ou simplement dégrossie.

Mortier : Mélange à des proportions déterminées de sable et de ciment, de terre.

Mur de refend : Mur qui forme la séparation à l'intérieur d'un bâtiment.

Pignon : Partie haute du mur de tête qui répond à la couche du toit et en reproduit le profil.

Pilier : Support isolé maçonné de section simple circulaire, quadrangulaire, octogonale ou plus complexe.

Sommaire

Localisation

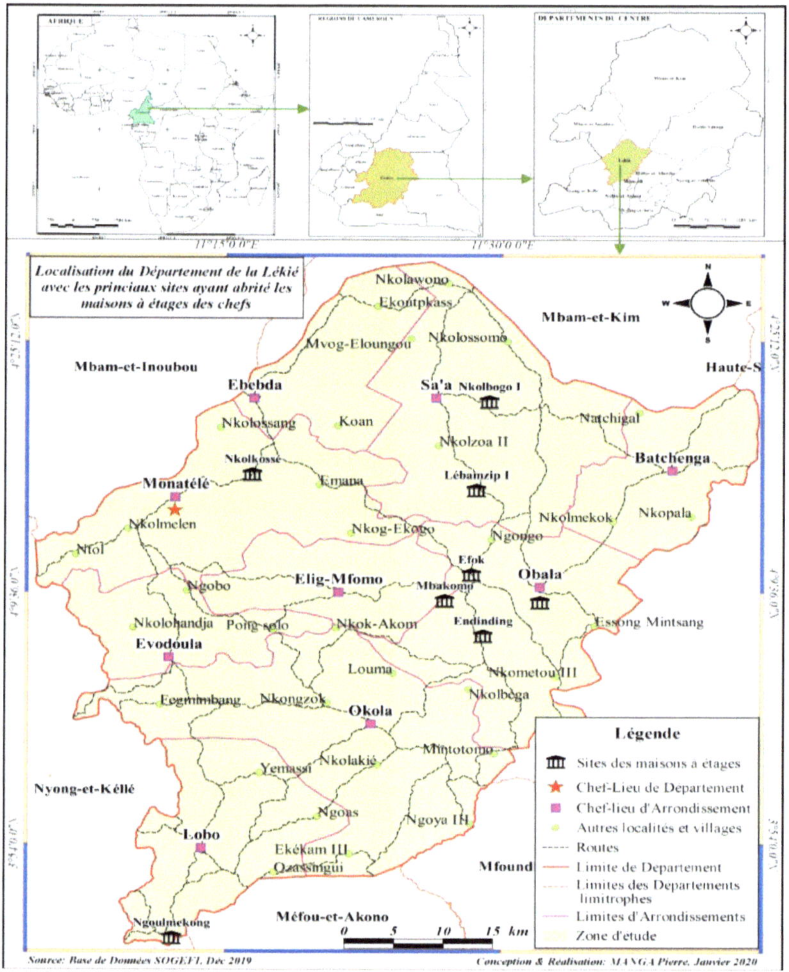

Carte 1 : Département de la Lékié et les principaux sites abritant les maisons à étages des chefs indigènes

Avant-propos

En 1998, lorsque nous prenions l'inscription en maîtrise d'Archéologie à la Faculté des Arts, Lettres et Sciences Humaines de l'Université de Yaoundé I, le professeur Joseph-Marie Essomba, de regretté mémoire, nous suggéra d'étudier les monuments historiques situés hors de la ville de Yaoundé, dans un terrain de notre choix. Le choix fut porté sur la localité de Ngoulmekong, village situé à environ 40 kilomètres de Yaoundé où le chef supérieur des Eton Ouest, Awana Koh Jean avait construit un palais à étage pendant la période coloniale mais qui finalement tomba en ruines. Cette découverte stimula la recherche sur l'ensemble du département de la Lékié puisqu'il ne s'agissait pas d'un cas unique. D'autres chefs de son rang, et même de degré inférieur, avaient expérimenté la construction des maisons à étage (*ndà yob ou ndà tob*[1]).

En 1999, nous avons initié un inventaire des monuments historiques dans la Lékié et les données furent présentées dans le cadre d'un mémoire de maîtrise en archéologie ; spécialisation gestion du patrimoine culturel soutenu en 2000. L'étude des monuments ouvrait ainsi, un vaste champ de recherche sur l'archéologie du bâti. Le bâti concerne les œuvres architecturales endogènes et celles dont les formes et

---

1 Maison du ciel, maison d'en-haut.

les techniques furent introduites par la colonisation. De ce fait, il est possible d'envisager l'étude de la dynamique de l'architecture dans une approche archéologique qui met en évidence la connaissance des matériaux de construction, l'organisation du travail dans le chantier pendant la construction, les traces de reprises et de reconstitution des murs, distribution spatiale de l'édifice et les techniques de jointoiement des matériaux.

Cet ouvrage qui trouve son fondement dans mes recherches sur les monuments historiques en 2000 apparait comme une mobilité dans le temps et dans l'espace. Il plonge le lecteur dans une forme de reconstitution de l'histoire du Cameroun à partir de l'analyse des vestiges architecturaux. Il fait la représentation de la matérialité des formes d'organisation coutumières locales appelées chefferies traditionnelles, et qui par le fait du contact avec l'altérité, notamment la civilisation occidentale pendant la période qui s'échelonne entre 1884 et 1960, durant laquelle la maison du chef devient un agent de domination, symbole du pouvoir et expression de la réussite sociale. Ainsi, les sièges de commandement indigène sont-ils apparus comme les éléments de construction de l'identité sociale et individuelle des chefs.

L'objet d'étude ne pouvait que susciter une approche transdisciplinaire qui, en plus de l'archéologie, fait recours à d'autres disciplines comme l'histoire, l'architecture, l'anthropologie et l'ethnographie. Les résultats obtenus permettent de revisiter dans une perspective diachronique, la typologie et les procédés de réalisation des sièges du commandement indigènes ainsi que la construction identitaire.

Le texte est organisé en sept chapitres. Le premier présente les éléments du milieu physique en rapport avec la production architecturale endogène. Le deuxième et le troisième interrogent la nouvelle maison du chef et aux transformations technico-fonctionnelles subséquentes qui y sont intervenues pendant la période d'occupation allemande, en suite française. Les chapitres quatre et cinq explorent spécifiquement les formes particulières d'architecture des sièges de commandement, et enfin les chapitres six et sept montrent le rôle que les puissances exogènes d'occupation ont joué d'une part, et les facteurs internes qui manifestement ont contribué à façonner l'identité des chefs d'autre part.

Introduction

Depuis les travaux révolutionnaires d'Arcisse de Caumont au XIXe siècle sur les bâtiments médiévaux en élévation et la leçon d'ouverture du cours d'antiquités grecques et latines de la faculté de Lyon en 1877, Gustave Bloch nous apprend que l'archéologie étudie les formes diverses que l'homme a su donner à la matière pour faire servir à ses besoins ou à ses plaisirs (Therrien,1998 :232-233), il est reconnu que les édifices peuvent faire l'objet d'une analyse archéologique, bien que la démarche soit particulière. L'idée que défendent les partisans de l'archéologie du bâti est que la méthode horizontale utilisée au sol peut aussi s'appliquer de manière verticale sur les murs ou les élévations. Cette approche du bâti a stimulé une réflexion épistémologique en Europe dans les années 1980. Celle-ci a permis d'ouvrir un nouveau champ d'investigation en archéologie qui explore les édifices, les bâtiments en tant que manifestation de l'entreprise humaine porteuse d'une identité de temps et de technique. Dans ce contexte scientifique, l'archéologie du bâti s'affranchit visiblement de l'histoire de l'architecture dont elle fut une science auxiliaire pour se développer de façon autonome.

Au départ, cette spécialité de l'archéologie a du mal à s'imposer. Il n y'a qu'à voir les différentes appellations qu'on lui attribue et que Reveyron a fait mention dans sa communication présentée lors du 4e congrès international d'archéologie médiévale et moderne tenu à Paris du 3 au 8 septembre 2007 : *archeologia del costruito* ou *archéologia dell'architettura* en Italie, analisis *arqueologico de construcciones historicas* en Espagne, *bauforschung* en Allemagne, et *built archaoelogy* en Angleterre, archéologie du bâtiment en Belgique, archéologie du mur, archéologie du construit, archéologie du bâti urbain, archéologie du bâti médiéval urbain, et finalement, l'archéologie du bâti va s'imposer pour la France.

Ce foisonnement terminologique prouve déjà la complexité de l'objet d'étude pour les scientifiques à s'entendre pour désigner cette spécialité de l'archéologie qui s'occupe du bâti. Pourtant, il s'agit d'un domaine de connaissance des savoirs et des savoir-faire techniques sur les monuments, les résidences royales, les châteaux, les bâtiments religieux, les prisons, les maisons médiévales, les caves, les architectures en pierres sèches, les maisons des chefs, et tout ce qui est construit et qui relève de l'ingéniosité humaine.

L'œuvre architecturale suscite donc des débats théoriques qui abordent les enjeux multiformes dont elle revêt et qui font intervenir plusieurs spécialistes des sciences humaines, sociales et de l'ingénieur. Outre les archéologues, on fait allusion aux historiens, historiens de l'art, anthropologues, géographes, ethnographes, architectes, géophysiciens.

Au Cameroun dès les années 1888, la tendance à décrire les œuvres architecturales endogènes par les ethnographes allemands. Elle inaugure un nouvel axe de recherche en sciences humaines et sociales, faisant prévaloir la notion de maison, d'habitat, et d'architecture traditionnelle, pour décrire la vie matérielle des peuples locaux (Morgen, 1888), (Zenker, 1895), (Dominik, 1901), (Tessmann, 1913), (Begin, 1952), (Dugast,1955). À partir des années 1980, les chercheurs vont s'intéresser aux résidences royales et aux palais des chefs en tant que monument historique, et plus globalement, du patrimoine culturel immobilier. C'est dans ce contexte scientifique que s'inscrit l'étude transdisciplinaire des maisons des chefs dans les Grassfields (Dillon, 1985), (Nkui, 1985), (Pradelles de la Tour, 1985).

En revanche, au Cameroun central, les recherches archéologiques effectuées depuis la période coloniale par des administrateurs coloniaux (Buisson, 1933), (Fourneau, 1935), (Jauze, 1944), (Jeffreys, 1951) puis par les archéologues professionnels (de Maret, 1983), (Essomba, 1992a, 1992b), (Mbida, 1996), (Elouga, 1985, 2001) concernent l'étude des cultures préhistoriques et protohistoriques exhumées lors des fouilles dans de nombreux sites. Très peu de travaux archéologiques explorent le bâti (Dzou, 2000, 2004, 2016[2]).

---

[2] Il est abordé, dans une perspective diachronique, la dynamique des œuvres architecturales dans leurs formes et leurs techniques de construction et suggère pour terminer, les stratégies de protection et de valorisation des œuvres architecturales (Dzou, 2013).

Ailleurs, dans la Région de l'Extrême-Nord au Cameroun, le secteur des monts mandara qui bénéficiait d'un programme de recherche intitulé *mandara archaeological project* a permis de découvrir les DGB et de procéder à l'analyse de cette forme de maçonnerie traditionnelle en pierres sèches (Datouang, 2006, 2013). Dans un ouvrage consacré aux principautés Kotoko, A.M.D Lebœuf (1969) fournit une interprétation sur l'organisation de l'habitat qui est une matérialisation du caractère fortement hiérarchisé de ce peuple.

Lorsqu'on observe le paysage architectural, il est marqué par un changement de techniques que l'on considère comme le fait de la transition qui découle de la rencontre avec la société occidentale. Pourtant, l'architecture traditionnelle ou vernaculaire est un élément d'identité culturelle à partir duquel les peuples se reconnaissent comme des membres d'un groupe habitant une région géographique. La case obus, les maisons en écorces d'arbre, la case ronde en torchis rappellent les milieux écologiques mais aussi des peuples qui y vivent. L'œuvre architecturale apparait donc comme un précieux document matériel qui renferme des informations susceptibles de renseigner. Ainsi, compte tenu des acquis des travaux des précédents auteurs, l'archéologie du bâti est restée peu documentée au Cameroun malgré la présence dans son sol d'un patrimoine immobilier riche et varié.

Avant l'occupation du pays par les puissances colonisatrices, les habitations des populations de la zone forestière, à l'exception de la hutte des pygmées, présentaient une certaine homogénéité tant dans la forme que dans la technique de construction. Ce sont, généralement, les cases rectangulaires ou rondes dans la zone de contact forêt-savane construites avec des écorces d'arbres décollées, des poteaux en bois et des toitures en nattes de raphia ou de chaume. Les matériaux sont assemblés par ligature. Cette architecture apparait comme le reflet du déterminisme environnemental et conforte dans leurs positions les auteurs comme Leroi-Gourhan (1973), Blier (2006) qui montrent que l'habitation est tributaire du milieu dans lequel elle est construite.

Dans les sociétés traditionnelles à caractère clanique ou familiale tantôt considérées comme acéphales au Sud Cameroun, le pouvoir est diffus et dans les pratiques architecturales, on observe l'absence d'une architecture de pouvoir qui marque la différence entre la maison du chef et celle de ses administrés. Tel ne fut pas toujours le cas dans les zones de Grassfields et soudano-sahélienne.

À partir du 12 juillet 1884, les Allemands occupent et administrent le *Kamerun* suite à la signature du traité germano-douala (Mveng, 1963). Ils introduisent une nouvelle maison en matériaux résistants. C'est la case en briques de terre cuite désignée sous le terme de « maison en dur » qui tranche avec la case traditionnelle. En effet, les Allemands voulaient s'installer durablement pour cette raison, ils avaient besoin des intermédiaires qui devaient les aider à assoir leur autorité et à mobiliser et les masses indigènes qui allaient participer à l'effort de développement du pays. C'est ainsi qu'ils créèrent les chefferies traditionnelles et désignèrent ceux qui pouvaient incarner le pouvoir dans ces institutions locales. Très tôt, la « maison en dur » exerce une fascination chez les chefs indigènes qui ne tardent pas à l'adopter. C'est ainsi que vont émerger les premiers palais des chefs en matériaux définitifs. Celui d'Auguste Manga Ndoumbé construit entre 1897 et 1905 à *Duala*, puis celui de Charles Atangana-Ntsama bâtit entre 1904 et 1910 à *Jaunde*.

En 1916, la France prend possession du Cameroun oriental suite à la défaite des troupes allemandes lors de la première guerre mondiale. De 1916 à 1960, on assiste à une « épidémiologie » des maisons des chefs. Une architecture palatiale se développe en privilégiant la verticalité et la solidité qui deviennent les éléments de différentiation. On construit en élevant les murs plus hauts de manière à créer une division horizontale qui devient de sol de la partie supérieure. Cet édifice qui présente une superposition des niveaux est appelé « maison à étages » ou « *ndà dob* » traduit littéralement en français « la maison du ciel » ou « maison d'en-haut » qui symbolise l'élévation et la grandeur. Le bâtiment à étage fut donc adopté en priorité, par les chefs de grande importance qui représentaient une certaine élite économique qui s'est formée autour de la cacao culture. Dans l'imaginaire collectif, la maison à étage du chef devient finalement le symbole de la réussite sociale et de richesse par rapport à la case en écorces d'arbre décollées qui est désormais synonyme de pauvreté.

Parlant de solidité, on fait usage de la brique de terre cuite pour élever les murs et les piliers en lieu et place des paillassons, des poteaux en bois qui sont peu résistants et régulièrement exposés aux activités biologiques et naturelles. La tuile plate, et plus tard, la tôle ondulée en zinc remplacent progressivement la natte de raphia et le chaume. Le crépissage du mur au mortier de ciment ou la peinture à la chaux sont adoptés. Cet habillage vise à cacher les imperfections et à donner une belle vue au bâtiment. La case du chef devient l'expression d'une dualité fonctionnelle. Elle est le lieu d'habitation c'est-à dire un espace privé, et un cadre de travail et de réunion. Désormais, le public côtoie le privé. L'étude ambitionne donc d'explorer les maisons des chefs pour répondre aux questions que se pose l'archéologue lorsqu'il les observe à savoir : dans quel contexte historique furent-elles construites ? Quelles sont les caractéristiques morphologiques et les procédés de réalisation des œuvres architecturales ? Comment ces œuvres architecturales participent-elles à la construction de l'identité des chefs indigènes ? Ce questionnement montre que l'habitation du chef indigène présente des enjeux multiformes. Elle matérialise la différentiation sociale entre l'élite indigène qui incarne l'autorité traditionnelle et les sujets.

Il est évident que les œuvres architecturales sont des productions matérielles au même titre que la poterie, l'outil lithique, et l'objet métallique et sont des sources d'informations, non seulement, pour l'histoire des techniques mais aussi celle des hommes qui en sont des bâtisseurs. Les données collectées montrent l'extrême complexité morpho-technologique et fonctionnelle des habitations des chefs. Elles se présentent comme l'expression d'un type de rapport avec les autres et devient un agent de domination.

Chapitre 1 – Cadre de recherche, objet d'étude et méthodologie

L'analyse structurale d'une œuvre architecturale impose que l'on s'attarde non seulement sur le milieu qui en est le support et qui conditionne les modalités de réalisation mais également sur les hommes qui en déterminent les formes et les usages.

1.1. Le cadre de recherche : sa localisation

L'espace géographique que l'on appelle Cameroun central couvre administrativement la Région du centre. Dans cette immense zone, le secteur choisi pour mener cette étude est le département de la Lékié qui tire son nom d'un cours d'eau qui le draine. Créé par le décret 64/DF/219 du 20 juin 1964, il est situé entre le 3° 47′ et le 4°30′ de latitude Nord et le 11° 10′ et 11°45′ de longitude Est (Elouga, 1985 :10). Limitée au Nord, par les départements du Mbam et Inoubou et Mbam et Kim, à l'Ouest, au Sud et à l'Est par les départements du Nyong et Kellé, du Mfoundi, de la Mefou et Afamba, de la Mefou et Akono, et de la Haute Sanaga, elle couvre une superficie d'environ 3000km^2 (carte n°1, p. 8).

1.1.1. La Lékié, terre de forêt semi décidue à celtis et sterculiacées : un gisement de bois, de lianes et de feuilles

Sur le plan phytogéographique, la zone d'étude présente deux formations végétales caractéristiques d'après l'observation de la carte phytogéographique de l'*Atlas du Cameroun* réalisé par Letouzet en 1959. La forêt semi décidue à *Celtis* et *Sterculiacées*, et la savane. La grande partie, c'est-à-dire de la limite Sud (rivière kélé) jusque dans les environs d'Obala, la végétation dominante est la forêt semi-décidue à *Celtis* et *Sterculiacées*. Pour (Elouga, 2001 :55), il semble que la végétation originelle de la majeure partie de la Lékié est la forêt dense sempervirente. Celle-ci regorge des espèces végétales variées utilisées dans la construction. Le tableau ci-dessus a été élaboré à la suite des enquêtes ethnographiques effectuées sur le terrain et indique la liste des principales essences exploitées pour l'obtention des matériaux nécessaires à la construction.

Nom en langue locale	Nom commercial	Nom scientifique	Caractéristiques du bois (densité)	Famille
Abin	Essia Abale	*Pertersianthus macrocapus Liben*	Mi-dur (0,80-0,95)	Méliacées
Aban	Iroko	*Chlorophora Exelsa*	Semi-dur	Mimosacées
Adjap	Moabi	*Baillonella toxisperma*	Mi-dur 0,80-0,90	sapotacées
Alombe (elolom)		*Mytragina macrophylla*		Rutacées
Akondog	Bilinga	*Nauclea diderichii*		Rubiacées
Asie	Sapelli (sipo)	*Entandrophragma cylidricum*	Mi dur (0,80-0,90)	Méliacées

		spagne		
Assam	Rikio	*Uapaca guineensis*	Dur	Euphorbiacées
Atui	Dabemba	*Piptadeniastrum africana*	Mi-dur	Mimosacées
Ayous	Samba	*Triplochiton scleroxylon*	Tendre	sterculiacées
Bibolo	Dibetou	*Lovoa trichiloides Harms*	Léger (0,75-0 85)	Méliacées
Ebe	Ovala	*Cordia orandiaca*	Très dur	Borignacées
Eyen	Movingui	*Disthémonanthus*	Mi-dur	Cesalpiniacées
Ewomé	Coula (bois de fer)	*Coula-edulis*	Très dur (1,07)	Sterculiacées

Tableau 1 : Liste des essences utilisées dans la construction des cases dans la zone forestière. Les Poteaux, les lattes, les chevrons, les poutres, et écorces sont tirés de ces espèces ligneuses.

Les essences dures connues sous l'appellation générique « arbres de la brousse » (*bilé mepan*) étaient utilisées. Dans la majorité des cas, ce sont des arbustes que l'on coupe pour servir de poteaux ou de perches comme l'indiquent les sources orales. Avec l'apparition de la scie, les arbres présentant un fût volumineux étaient sciés ou équarris pour faire des poteaux, des lattes, des poutres et des chevrons qui sont des éléments de support important pour la construction des édifices.

De l'*ayous* (*Triphochiton scleroxylon*), les techniciens tiraient les écorces pour le revêtement des murs. Le palmier à huile (*alén, Elæis guineensis*) fournissait des traverses issues de la transformation des branches. Les lianes comme le rotin (*nlong-Eremospatha macrocarpa*) et le *mbiko*l servaient d'éléments de ligature. Les folioles de raphia (*kié zam, Raphia vinifera*) servaient à la confection des nattes. Les noms scientifiques des espèces végétales ont été tirés de plusieurs ouvrages des auteurs comme Laburthe-Tolra (1985), Obam (1992) et Defo (2005).

Cette couverture végétale disparaît aujourd'hui à cause d'une intense activité anthropique marquée par les défrichements, l'exploitation abusive des essences et des ressources non ligneuses. Ainsi, cède-t-elle la place aux jachères où poussent, *Elæis guineensis, Musanga cercropioïdes.* Dans les savanes anthropiques, les arbres subsistent mais sont très disséminés (Elouga, 2001 : 55). La savane couvre le Nord du département. On la rencontre à Obala et à Batschenga. Cette savane, comme le dit (Elouga, 1985 :17) est herbeuse à *Impérata cylindrica* (chaume) plantée d'arbres notamment les palmiers rôniers *bossurus aethiopum.* La transition forêt-savane ou la savanisation de la forêt apparaît comme la conséquence d'une mise en valeur agricole des terres par les feux de brousse et les défrichements. Ici, se développent les espèces comme le *Chromo Lena odorata* et le *Penisetum.*

1.1.2. Le peuplement actuel de la Lékié

Les Batschenga, les Eton et les Manguissa sont des Bëti tout comme le sont les ethnies suivantes : Bati, Fong, Ewondo, Tsinga, Mvélé, Evuzok, Bene, Mbida-Mbane, Mvog-Nyengue, Etenga, Yanda, Yangafuk, Ngoro, Bundju (Bela, 2007 :78). D'après Dugast (1949 :65-70), les Eton sont situés du 11°10° à 11°45

E.Gr., et du 3° 45 à 4°30 lat. N., les Manguissa sont localisés du 11°15 à 11°30 E.Gr., et du 4°25 04°30 lat. N. Quant aux Batschenga, leur habitat est dispersé. On les retrouve du 11°20 à 11°50 E. Gr. Et du sud au nord entre 3°35 à 3°50 lat. N. près de Yaoundé, 4°15 à 4°40 sur les deux rives de la Sanaga.

Plusieurs thèses relatives à l'origine des Bëti ont été défendues. D'après Laburthe-Tolra, tous les Bëti forment un groupe homogène ayant un ancêtre commun les bati qui avaient pour habitat originel la rive droite de la Sanaga. L'origine de ces Bati est différente de celle des Pahouins, et c'est le voisinage avec ceux-ci qui a entrainé une interpénétration dont la conséquence a été la pahouinisation culturelle et linguistique. Pour cet auteur, les Bëti, Batschenga, Eton, Manguissa résultent,

> D'un mélange d'au moins deux catégories des groupes ethniques : l'un Plus ancien, que j'ai appelé X, et qui sans doute vient lointainement du Nord, mais plus immédiatement de l'Est ou du Sud. L'autre plus récent que j'ai appelé Y, très minoritaire, mais guerrier, et peut-être apparenté au groupe Elog-Mpoo (Bakoko) qui connaît comme lui une acculturation linguistique par X et se réclame de la même origine (Nditam, région bëti autour de Ngog Lituba). Ce groupe est en action dans la région de Yaoundé dès la fin du XVIIIè siècle et ne parait pas avoir grand-chose de commun à l'origine avec les Bulu passant par la Sanaga plus à l'Est vers 1840. (Laburthe-Tolra, 1981 :125)

Cette analyse fait dire en définitive que, les Bëti sont issus d'un brassage entre le peuple Bati parlant *ati* et basé entre le Mbam et la Sanaga et un groupe pahouin parlant Fang de provenance orientale. Qu'est-ce qui explique l'ébranlement des Bëti de leur habitat originel ?

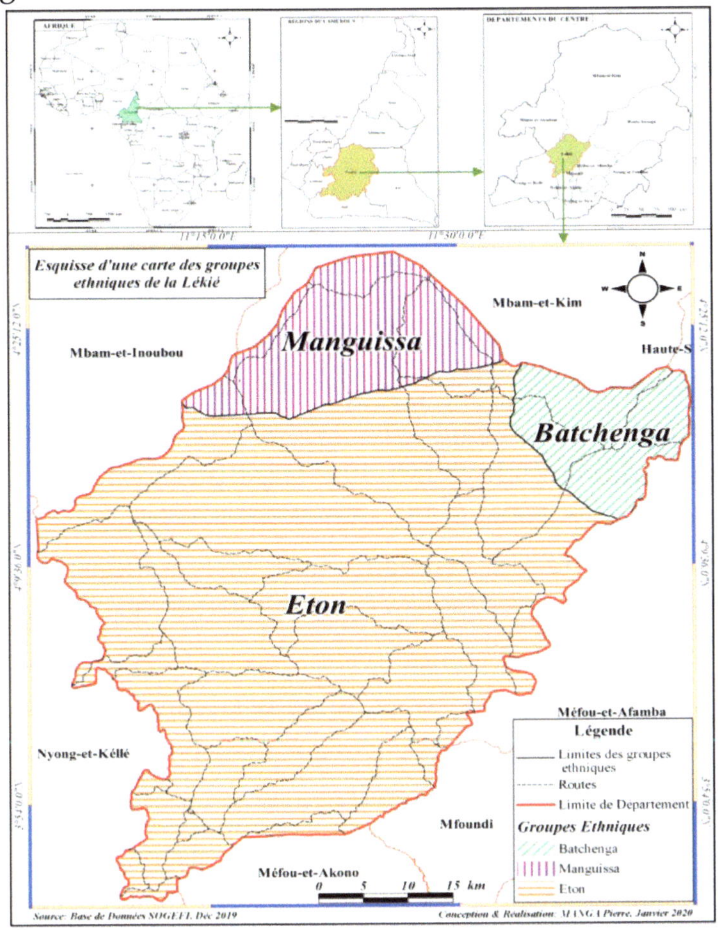

Carte 2 : Distribution des groupes ethniques dans la Lékié.

Plusieurs causes justifient le déplacement des Bëti de la rive droite vers la rive gauche de la Sanaga. La littérature historique et ethnologique montre que l'ébranlement des populations du Nord vers le Sud est lié à divers phénomènes tels que les guerres tribales orchestrées depuis le sud de l'Adamaoua par les Foulbé qui veulent répandre l'islam et la démographie croissante. C'est dans cette optique que Labuthe-Tolra pense que

> [l]es Bëti deviennent nombreux et désirent traverser le Yom, soit par l'effet de leur expansion naturelle, soit par suite de dissensions internes, soit parce qu'ils se trouvent menacés par un danger : le féroce dévoreur d'hommes Emumulumu Mba ou les Elip ou bien les Foulbé tantôt nommés Sarki ou Enumulu Mombo qui voulaient tous les réduire en esclaves. (1981 :103)

Dans la dispersion des Bëti de l'Adamaoua vers le Sud, devait se poser l'écueil de la traversée de la Sanaga. En attendant que les données archéologiques nous éclairent sur ce fait, une large place est donnée à la tradition orale qui s'appuie sur la légende de la traversée de la Sanaga. Les informations orales recueillies sur le terrain dans le cadre de ce travail n'apportent rien de nouveau. Pour Abéga Essomba dont le témoignage est présenté par Laburthe-Tolra, la traversée s'est faite en vagues successives et à propos, voici ce qu'il fait comprendre :

> Mengisa et Bëti b'eton ont été créés frères par Dieu ; ils luttèrent donc coude à coude sur la rive droite contre leurs ennemis Batchenga Tsinga qui sont des Elip de la région Yambassa jusqu'au jour où les Eton abandonnèrent le combat et traversèrent le fleuve sur le dos d'animaux à cornes réunis par un joug. Affaiblis, les Mengisa purent à leur tour traverser par la grâce du serpent arc-en-ciel qui, mal traité, disparut en entrainant dans les flots une bonne partie des mengisa. (1981 :91)

Une autre légende de la traversée de la Sanaga d'Alinga Fidèle et reprise par J.P. Messina rejoint également le point de vue d'Abéga Essomba :

> Asoa Abanda, un grand nom, un Mengisa nommé Asoa Abanda, rassembla tous les peuples voulant traverser la Sanaga. Cet homme accomplit un miracle. Après avoir frappé sa canne contre le sol, un énorme boa surgit, surplombant le fleuve dans le sens de la largeur. Ce boa se transforma en tronc d'arbre. Plusieurs peuples commencèrent à traverser le fleuve. Les Ewondo, les Bulu, les Etons, etc. Quand arriva le tour des Mengisa, un membre de la famille Benyindzana commit l'imprudence de piquer le tronc d'arbre avec la pointe de sa lance. Le pont rompit, ceux qui étaient dessus disparurent sous les eaux. Les autres Mengisa restés sur la rive droite n'eurent pas la possibilité de traverser. Ils vivent là-bas aujourd'hui avec les Ossananga. Ceux qui avaient déjà traversé jetèrent le mauvais sort sur les Benyindzana. Cette famille jusqu'ici n'a jamais connu d'essor démographique. (Messina, 1984 :38-39)

À partir de ces deux légendes, nous pouvons dire que les Eton, se seraient installés en premier sur la rive gauche où ils ont été suivis par les Manguissa et les Batschenga. Au fil du temps, la région va accueillir d'autres peuples (Haoussa, Bamoun, Bamiléké, Européens) que l'on qualifie d'allogènes. Ceux-ci s'installèrent dans les villages et les agglomérations, attirés par les activités économiques telles que l'agriculture et le commerce. Les Batschenga, les Eton et les Manguissa avaient une organisation sociale structurée autour des composantes sociales distinctes.

1.1.3. Organisation socio-politique des Bëti de la Lékié

De nombreux travaux de recherche portant sur l'organisation sociale des Bëti ont été publiés. On peut consulter à ce sujet Ombolo (1978), Laburthe-Tolra (1981) et Mballa Owono (1990). La lecture de ces auteurs montre que l'organisation sociale des Bëti ainsi que tous les peuples qui se considèrent comme autochtones au sud Cameroun, Bulu, Ngumba, Maka, Batanga, était fondée sur la parenté et le groupe d'âge R. (Mballa Owono, 1990 :23). La parenté (*Avùman*) rassemble les individus d'un même noyau familial (*ndà bot*). Plusieurs familles liées par agnation formaient un lignage ou clan (*Mvog*). D'après Maquet, le lignage

> est un groupe comprenant tous ceux qui peuvent établir la parenté qui les unit en retraçant de manière précise les liens d'ascendance unilinéaire par lesquels chacun remonte au même ancêtre reconnu origine du groupe. Ce groupe est désigné par le terme lignage lors qu'on se réfère à l'ascendance unilinéaire d'un homme et par le terme ligné lors qu'on se réfère à la descendance d'un ancêtre. (1954 : 51)

L'occupation de l'espace obéissait à la segmentation sociale. Les lignages se retrouvaient concentrés dans un hameau. Chaque famille élémentaire étant propriétaire d'une concession comprenant deux ou plusieurs habitations où l'on pouvait distinguer les maisons des femmes de celle de leur époux. Le clan (*Mvog*) habitait un village ou une région. Mais, le phénomène migratoire favorisa la division du foyer clanique et les clans se sont retrouvés parfois éparpillés dans des villages distants.

Chaque clan avait à sa tête un chef, *Nkukuma,* qui était un homme âgé (*Nyiamodo)* qui faisait prévaloir la notion d'âge. En fonction de l'âge, il y'avait les groupes suivants : les enfants (*bongo*), les jeunes (*binanga*) et les adultes (*benyiabodo*). Disons un mot sur chacune des composantes.

Les enfants (*bongo*) formaient le groupe de ceux qui n'avaient pas encore subi le rite d'initiation le (*So'*) et étaient approximativement âgés de moins de 12 ans.

Les jeunes (*binaanga*), dont l'âge était compris entre15 et 25 ans voire plus. Une fois l'obstacle du *So'* franchi, le jeune homme devait prendre femme et fonder sa famille. Ce principe le pousse à abandonner la maison paternelle pour aller fonder son village.

Les adultes (*benyabodo*) sont des personnes qui ont rempli leurs obligations traditionnelles (passage du rite du *so'*, mariage, fondation d'un village) et qui sont dépositaires des coutumes et des traditions ancestrales reçues par la tradition orale et acquises par l'expérience quotidienne de la vie. Les adultes avaient le devoir de transmettre aux autres groupes, les connaissances sur l'art de vivre des Bëti. C'est de ce groupe qu'était issu le chef de clan. Quel était le véritable pouvoir du chef (*Nkukuma*) ?

Selon Essomba (2006 : 35), au niveau politique, contrairement aux chefs du Nord et de l'ouest où le pouvoir est centralisé, le chef du sud Cameroun et notamment chez les Bëti avait un pouvoir souple s'appuyant sur les assemblées ou les conseils de patriarches. Il s'agit en fait, des sociétés acéphales caractérisées par l'égalité des membres du groupe. Ici, il n y a pas véritablement une architecture de pouvoir comme ce fut le cas chez les peuples hiérarchisés du Nord et des grassfields du Cameroun.

La notion de chef (*Nkukuma*) est ambiguë. Elle renvoie aussi bien à la richesse matérielle qu'à l'autorité politique clanique. Le chef habite un grand village. Ce dernier est propriétaire de plusieurs femmes. Chaque femme, le plus souvent, a sa cuisine ou cohabite avec sa coépouse. Le village pouvait s'étendre sur un vaste espace susceptible de contenir une colonie d'environ 802 femmes comme à Sa'a chez Zogo Kouné Ngono. Pour tout dire l'organisation sociale des Bëti n'a pas laissé éclore une architecture particulière.

1.2. Objet d'étude

Le choix de l'objet d'étude se justifie par rapport l'insuffisance de connaissances que l'on possède sur le bâti en tant que document archéologique. La maison ou l'habitation sous toutes ses formes, est devenue un objet d'étude avec des problématiques qui varient en fonction des disciplines. Qu'il s'agisse de l'histoire de l'art, de l'anthropologie, de la sociologie, de l'architecture et de l'archéologie, le bâti se caractérise par la complexité des formes, la diversité structurelle et fonctionnelle qui nourrit différentes approches théoriques. Melchisedek Chétima (2016), dans un article intéressant intitulé « la culture matérielle de la maison dans la pensée anthropologique : parcours théorique d'un concept transdisciplinaire » en a fait une recension pour montrer les différents enjeux de la maison. Les œuvres architecturales endogènes sont caractérisées par la nature des matériaux essentiellement biodégradables et qui sont soumis à l'humidité du climat équatorial et à l'activité biologique qui entrainent leur destruction.

Les sources écrites ne sont pas nombreuses pour rendre compte des techniques architecturales dont la réalisation remonte parfois à plusieurs millénaires au Cameroun central. Seule l'archéologie apporte des informations sur les traces de construction. Parmi les éléments archéologiques découverts au site d'Obobogo, on mentionne la présence de plusieurs rangées de ce qui semble être les trous de poteaux (Mbida, 2002 : 161).

L'étude aborde un faciès de l'architecture dans un rapport au temps et à l'espace pour revisiter la dynamique des techniques. Et comme on peut l'observer, la maison du chef va progressivement s'adapter au besoin en tant que lieu de rencontre, espace de travail et d'habitation. De ce fait, elle apparait comme un lieu de mémoire où s'est écrit un pan de l'histoire des peuples et vecteur d'une idéologie de domination et de réussite sociale.

1.3. Méthodologie

L'approche méthodologique suivie pour collecter le maximum d'informations comprend plusieurs étapes.

1.3.1. Recherche et exploitation des sources écrites

Celles-ci sont composées, pour l'essentiel, des ouvrages, des articles, des archives, des thèses et mémoires, des revues scientifiques. Le travail de documentation s'est fait dans les bibliothèques du Ministère de la Recherche Scientifique et de l'Innovation (MINRESI), de l'Université de Yaoundé I, des centres culturels (allemand et français), de l'Institut pour la Recherche et le Développement (I.R.D). Aux archives nationales à Yaoundé où le mauvais état de conservation des dossiers, notamment le fonds allemand a rendu la tâche difficile. Certains dossiers du fonds français relativement bien conservés ont été consultés et sont référencés en bibliographie. En plus des sources écrites, les données iconographiques ont été exploitées.

1.3.2. La collecte des données

Elle s'est faite en deux phases. Dans un premier temps, il a fallu élaborer l'outil scientifique de base, la fiche d'inventaire d'architecture préalable à la descente sur le terrain. La fiche adoptée pour cette recherche est la même qui a été expérimentée au cours de l'inventaire général du patrimoine culturel lancé en

2001 par le Cameroun sous la coordination du Ministère de la culture avec l'aide de la coopération française. La fiche d'inventaire en vigueur au Cameroun a été donc privilégiée compte tenu des objectifs de la recherche.

Cet outil scientifique de collecte de données présente différents champs dans les domaines que sont, entre autres, l'histoire (maître d'œuvre, maître d'ouvrage, datation par périodes historiques, commentaire historique) ; l'anatomie (parties constituantes, matériaux et techniques du gros-œuvre, matériaux et techniques du second œuvre, matériaux et techniques de couverture) ; la conservation(état d'intégrité de l'édifice) ; l'identification (nom usuel, catégorie architecturale, fonction actuelle) ; situation juridique (intérêt de l'œuvre et évaluation). Il fallait également se munir des outils techniques (appareils photo numériques, GPS, et des instruments de mesure pour les relevés graphiques (mètre pliant, double décamètre, équerre, règle, etc.).

En considérant les palais des chefs comme des vestiges archéologiques, deux œuvres architecturales représentatives d'un échantillon de bâtiments ont été retenues dans la zone de recherche. Leur analyse repose sur l'identification et la nature des matériaux utilisés, la technique de construction, l'organisation du chantier. L'approche descriptive développée par (Leroi-Gourhan, 1973) et qui s'articule autour de la déconstruction de l'édifice de manière anatomique pour distinguer les parties qui le compose à savoir comme la fondation, les parois, la charpente, les divisions, l'ouverture. Nous abordons également le palais dans son contexte historique et social pour faire ressortir sa fonction et la symbolique qui l'enveloppe en tant que maison du chef et siège de commandement indigène.

1.3.3. La lecture des murs

La lecture des murs met en évidence l'archéographie dans la description des élévations pour retrouver les phases de construction, les traces de reprises, de transformations et les enduits muraux afin de restituer l'histoire de la construction. Chaque partie composante de l'édifice est précisément décrite dans son anatomie. Il est question d'identifier les matériaux et les techniques d'agencement des éléments de chaque section du bâtiment. Selon la forme des matériaux (briques, tuiles, carreaux), les paramètres suivants sont pris en compte : longueur, largeur, épaisseur. Pendant cette phase archéométrique, des relevés architecturaux ont été faits. Les méthodes utilisées pour la restitution sont : le relevé graphique effectué manuellement avec des instruments de dessin et le relevé photographique (Racinet, 2005 : 200-208). Le but poursuivi est de former une documentation visuelle qui rend compte des matériaux de construction et leur système d'appareillage sur les murs et les fondations des édifices. En archéologie du bâti ou de la construction

(Reveyron, 2002), le mur est considéré comme une unité stratigraphique verticale qui laisse lire la superposition des couches, du jointoiement ou de l'assemblage des éléments de la construction. Elle tranche avec la stratigraphie horizontale fondement de la fouille dans l'archéologie traditionnelle. Sur la base de cette dichotomie, les plans de construction ont été réalisés suivant l'échelle 1/20è (Ligny, 2005: 191-199). Ce travail a été complété par les prises de vue des édifices et les reconstitutions qui présentent les parties du bâtiment.

Chapitre 2 -La maison du chef au Cameroun central précolonial

Pendant la période précoloniale, les peuples du Cameroun central comme ceux de toute la zone forestière avaient leur architecture propre et qui était un élément de leur identité. Cette architecture caractéristique qui fut adoptée par les chefs coutumiers ainsi que les membres leurs communautés était, en dehors de la hutte des pygmées, l'habitation en écorces d'arbres décollées. Nous devons sa connaissance grâce aux travaux de nombreux chercheurs qui l'ont observée et décrite.

2.1. Les pionniers des études sur les maisons au Cameroun central

Il faut faire remarquer que le bâti, et principalement, l'habitation traditionnelle a suscité l'intérêt des chercheurs au Cameroun. On la présente comme une donnée ethnographique matérielle et un cadre de vie où s'expriment les relations entre les individus. Ces deux tendances ont souvent mis l'accent sur le déterminisme environnemental pour déterminer les matériaux et les techniques de construction en rapport avec le milieu et sur le fonctionnalisme par exemple l'usage que l'on fait de la maison en s'inspirant des travaux publiés des auteurs comme Morgan(2003) [1881], et de Boas(1964) [1888].

La plupart des recherches sont l'œuvre des administrateurs coloniaux, des explorateurs, des ethnographes et anthropologue soucieux de rendre compte de la vie matérielle des populations. Les auteurs comme Curt Von Morgen (1888), Zenker (1895), Dominik (1901), Tessmann (1913), Begin (1952) sont parmi ceux qui ont le plus fait une caractérisation de l'habitat traditionnel en zone forestière. Laburthe-Tolra (1970, 1981) est celui qui a systématisé l'étude de la maison chez les Bëti qui habitent les forêts des régions du centre et du Sud Cameroun. Dans son ouvrage *Les seigneurs de la forêt*, il fait observer la dualité du genre à partir de la description formelle des maisons chez les Bëti où il fait ressortir la différence entre la maison de l'homme (l'*abàà*) et la case de la femme (*ndà*). À partir de la position topographique, des dimensions de la maison, il est possible de connaître le genre de l'occupant dans une concession. Cette étude enrichissante n'aborde pas suffisamment certaines préoccupations de l'archéologue du bâti comme celles liées à l'organisation du chantier pendant la construction, les modalités d'apprentissage et de transmission des connaissances. Pendant les prospections, il apparait que les matériaux de construction qui sont biodégradables ne se conservent pas longtemps. La collecte des données ethnographiques et anthropologiques est venue compléter l'analyse structurale des maisons.

2.2. Analyse structurale de la case en écorces

La case en écorces d'arbre est faite en matériaux peu durables. Elle a physiquement disparu dans la zone d'étude. Il devient donc difficile de reconstituer le lointain passé à partir des témoins que l'on découvre sur le terrain. C'est dans les ouvrages publiés par les pionniers, les reconstitutions et les enquêtes ethnographiques qu'il a été possible d'analyser les techniques de construction. Les témoignages des informateurs révèlent que la construction des cases d'habitation s'effectue en saison sèche. Ils affirment travailler en saison sèche (de novembre à mars) pour assécher les matériaux de construction. Durant la saison pluvieuse, le travail est rendu difficile à cause de l'humidité et les bâtisseurs consacrent le reste du temps aux activités agricoles.

L'analyse des techniques de construction fait appel à la notion de chaîne opératoire qui s'attèle à décrire « tous les processus, allant de l'approvisionnement en matière première jusqu'à son abandon en passant par toutes les étapes de fabrication » (Tixer et *al.*, 1980 :2). Or, jusqu'ici, l'étude de la chaîne opératoire ne s'est appliquée qu'aux industries lithiques, céramiques et métallurgiques. Il importe de souligner qu'une case, un biface ou une lance sont le fait de l'ingéniosité humaine sur la matière à la suite d'un acte intentionnel. Une étude des étapes de la chaine opératoire est donc envisageable. Selon les témoignages collectés sur le terrain, la technique de la case en écorces d'arbre décollées comporte plusieurs étapes.

2.2.1. Les matériaux de construction

De nombreuses essences existent dans la zone forestière mais les artisans choisissent de préférence le bois dur pour sa résistance. Certaines espèces dont le nom échappe aux artisans sont appelées en langue locale « *bilë mepan*-les arbres de la forêt[3] ». L'arbre est coupé ou abattu à l'aide de la machette ou d'une hache en fer. Mais, on ne saurait écarter l'hypothèse de l'usage du lithique ou de l'os aux périodes situées avant la découverte du fer. L'arbre est débité en billes ensuite, on les fendait sur toute la longueur pour obtenir des poteaux.

Le palmier raphia (*Raphia vinifiera*) qui se développe dans les marécages fournissait les folioles et les nervures. Les folioles issues des nervures de raphia fraîches sont arrachées à la main ou à l'aide d'une machette et emballées en paquets *(ebag-zam ou mbom*) et transportées sur le site de construction. Ici, l'homme tresse les nattes seul parfois, il mobilise ses frères pour l'aider.

La natte de raphia, selon nos observations, se compose des feuilles et des lamelles de bambou (*miwom*) qui servent de supports sur lesquels sont

[3] Entretien avec Telesphore Mboudou, 74 ans, planteur, Ngoulmekong, le 07/08/2007.

épinglées les feuilles de raphia. Quant aux épingles, elles sont faites de bambou[4].

Le nattage consiste à plier la feuille de raphia en deux sur les lamelles disposées parallèlement et à les épingler plusieurs fois sur toute la longueur de la natte qui atteint parfois 6m. Il ne suffit pas d'avoir les poteaux et les nattes pour construire. D'autres éléments sont nécessaires : pannes, traverses, chevrons lianes, et écorces.

Les pannes et les chevrons sont faits de branches de raphia dépouillées de feuilles. Ils constituent les principaux éléments de l'ossature de la charpente. Le problème que doivent résoudre les constructeurs est celui de la conception des murs qui assurent une meilleure protection des occupants. Il s'agit des matériaux qui entrent dans la construction du clayonnage. D'après le témoignage de Telesphore Mboudou[5], les bâtisseurs ont recours soit aux branches de palmier à huile ou de raphia soit aux troncs des arbustes.

L'autre difficulté est relative à l'assemblage des éléments qui composent l'armature des murs et la charpente. Les techniciens optent pour l'usage des liens naturels notamment des rotins ; *ongam, ebòdi, eka, ndin, a sag nlòn, kpekpà nlon edan mvin,* tous des rotins dans l'ensemble comme le souligne (Laburthe-Tolra, 1981).

[4] Partie superficielle dure qui enveloppe la moelle de raphia.
[5] Idem.

Mais, ce dernier ignore que tous les rotins ne sont pas utilisés dans la construction.

Les rotins « sont des palmiers grimpants épineux qui poussent dans les régions tropicales et semi tropicales du vieux monde et sont exploités pour leurs tiges flexibles appelées rotins » (Defo, 2005 :49). Les sources orales révèlent que tous les rotins ne sont pas utilisés dans la construction. Il existe deux espèces. Le *nlon* (*Eremospatha Macrocarpa*) et le *nding* (*calamus Deeratus*). Celles-ci servent également à la confection des paniers, chaises, hottes. Il faut dire que le choix semble déterminé par la flexibilité du matériau. Dans les localités où elles n'étaient pas disponibles, on utilisait les cordes fabriquées à partir des fibres tirées des branches de palmiers à huile[6].

Les écorces d'arbres sont les matériaux de revêtement des murs des maisons. L'arbre exploité est l'*Ayous* (*Tripocliton Scleroxylon*). Lors des entretiens avec des patriarches de Ngoulmekong d'autres essences ont été citées il s'agit de, *ntui (caloncoba glauca-flacourtiacées) Otùngui* (*polyalthia suaveolens-annonacées*), *dùm* (*ceiba pantandra- bombacacées*) en langue locale[7] et rarement les branches de palmier raphia. La solidité de la case préoccupe également les artisans. Ils ont eu l'idée de procéder à la dessiccation des matériaux, aspect jusqu'ici oublié par les chercheurs.

[6] Entretien avec Mvondo Melingui, 73 ans, planteur, Ngoulmekong, le 08/08/2007.

[7] Idem.

2.3. La dessiccation des matériaux

Les matériaux prélevés dans la forêt à l'état frais devaient subir une dessiccation avant tout usage. Cette opération avait pour but de réduire la masse d'eau dans les matériaux. L'effet recherché est la stabilité des cases. La dessiccation se passe en plein air et dure quelques jours voire des semaines. La chaleur du soleil sert de source d'énergie. Bois, écorces, nattes de raphia et lianes subissent ce traitement qui vise à accroître leur résistance. Une fois les matériaux de construction obtenus, suit l'étape de l'implantation qui a une dimension symbolique.

2.4. Aspects symboliques de l'implantation, et réalisation de l'*abàà*, case de l'homme

La fondation d'un village s'accompagne de la construction des maisons. Celle-ci intervient après le choix du site, et est soumise à des pratiques magico-religieuses. Les enquêtes ethnographiques ont été faites dans plusieurs villages afin de collecter le maximum d'informations pouvant éclairer sur ces pratiques. Les personnes interrogées à Efok, Ngoulmekong, Nouma, Batschenga, et Mva'a disent ne rien connaître.

Quoi qu'il en soit, Laburthe-Tolra s'est penché sur la question des cérémonies qui accompagnaient la fondation du village chez les Bëti. L'auteur dit qu'une fois le lieu où serait bâti l'*abàà* était connu, « le père faisait creuser un trou et y déféquait, c'est dans ce trou qu'allait être planté le poteau central de l'*abàà*, plus tard richement décoré et auquel on suspendait les armes… » (1981 :265). Cette observance avait, semble-t-il, une certaine signification dans le groupe social puisqu'« en accomplissant l'acte qui chez un homme ressemble le plus à un accouchement, le père a voulu fonder le village sur sa propre substance, sur la force qui émane et se détache de lui… » (1981 : 265).

Le rituel ainsi accompli marque le début effectif des travaux. Le technicien creuse des trous dans le sol suivant un plan défini par le propriétaire de la case. Le plan est « une section horizontale de la structure d'un édifice représentant le système d'articulation des espaces et les relations entre l'intérieur et l'extérieur… » (Bussagli et Douliac, 2005 :104). De longs poteaux fourchus étaient ensuite plantés aux extrémités de la case pour supporter la poutre centrale qui forme le faîte. Ensuite, les poteaux servant d'éléments de remplissage étaient placés dans les trous. La maison du chef de famille encore appelée l'*abàà* se distinguait des autres cases du village par sa position topographique dominante et ses dimensions. C'est aussi le point de référence par rapport à l'occupation spatiale des autres structures qui composent l'habitat : tombes, fosse d'aisance, case de la femme (*ndà*). On peut comprendre toute l'importance que revêt l'*abàà*. L'homme, propriétaire et gardien du village, devait être puissant, force qu'il tenait de sa maison.

La confection de la charpente se fait après l'implantation. Les toits à deux versants couvrent les cases. Il importe de relever l'exception faite à Batschenga où les influences du Nord perdurent sur la forme conique de la charpente. En général, ces deux types de charpente présentent une forte inclinaison qui facilite l'écoulement rapide des eaux et évitent le problème d'étanchéité. Les éléments qui structurent la charpente sont entre autres, les pannes en bambou, la poutre en bois et les liens (lianes). Le bois pouvait aussi, le cas échéant, remplacer ces matériaux.

La technique de montage de la charpente est l'assemblage par ligature. Pour les structures à deux versants, les chevrons sont disposés en (V) renversé sur la poutre centrale qui relie les deux pignons. Les pannes sont posées horizontalement sur les chevrons. L'ensemble est solidement fixé par les lianes. En ce qui concerne les toits de forme conique, les déplacements effectués dans l'Adamaoua (Meiganga) entre 2001 et 2002 lors du projet pipeline Tchad/Cameroun nous ont permis d'observer par simple curiosité la construction d'une case ronde. La charpente était faite de perches qui se joignent en bouquet au niveau du faîte. Les anneaux renforcent la structure, elle est constituée « des perches écartelées comme des baleines d'un para pluie. Ces perches sont maintenues en position par une série d'anneaux horizontaux (Leroi-Gourhan, 1973). Il est possible que ce procédé ait été mis en œuvre dans la construction des cases cylindriques de Batschenga.

La couverture dépend du type de case et les matériaux sont variables. Pour l'*abàà,* la natte de raphia et le chaume sont des éléments de couverture. Pour les toitures en nattes, le procédé consiste à les ajuster comme des écailles de poisson du faîtage au bord du toit (Leroi-Gourhan, 1973 :254). Les mêmes nattes de raphia étaient fixées aux poutres et aux chevrons par des lianes. Le chaume a servi d'élément de couverture des cases des Batschenga comme l'indique (Mvogo, 1999 :27). Batschenga est une zone de transition forêt-savane et les constructeurs ont su exploiter les atouts de ces deux milieux naturels pour tirer les matériaux de construction.

Il est connu que le chaume (*Imperata Cylindrica*) encore appelé paille (*ozom* ou *Nlon)* est une espèce végétale caractéristique des savanes du Nord Cameroun. Dans cette région, la paille sert à plusieurs usages. Dans la construction, elle est utilisée comme élément de couverture des cases et comme dégraissant pour stabiliser le mortier de terre. Dans les cases au toit à deux pentes, le faîte est couvert par une natte de raphia pliée en deux. Pour les habitations circulaires, un bouquet de chaume couvre l'ouverture.

Les parois sont constituées de l'armature porteuse et du revêtement. L'armature du mur est « le squelette » de la structure. Elle est faite de poteaux en bois durs que l'on fixe solidement au sol pour garantir la stabilité et la solidité de la maison. Quant au revêtement, il est constitué des plaques rectangulaires d'écorces (*bivin*) d'où le nom (*ndà bivin).* Ces différents éléments sont verticalement disposés sur l'armature porteuse. Par ailleurs, le constructeur pouvait recourir aux branches de palmier à huile (*Elæis guinéennsis*). Celles-ci étaient soigneusement dressées de manière à couvrir les interstices. La technique utilisée pour la construction des murs est l'assemblage par ligature.

Lorsque le sol de l'intérieur de la case présentait un relief accidenté, celui-ci faisait l'objet d'un traitement. L'opération consiste à égaliser le sol en le remuant avec un outil (houe, daba) et en y aspergeant de l'eau. Ensuite, la surface du sol de la case était recouverte de feuilles fraîches de bananier. Ce traitement du sol de l'habitation pouvait varier. Thérèse Fouda, qui s'est intéressée à la reconstitution de la case traditionnelle déclare que « le sol n'était pas toujours nu. Les hommes ont eu parfois l'idée de le décorer. La technique consistait à incruster les noix de palme dans le sol de l'habitation. L'informatrice a tenu à mettre en pratique ce procédé dans les reconstitutions des cases qu'elle a entreprises à Yaoundé au quartier Elig-Essono derrière la pharmacie le Mfoundi. Ici, c'est l'*abàà* où le corps de garde qui présente ce décor.

Les ouvertures servent de voies d'entrée ou de sortie (portes) et d'aération (fenêtres). Les portes sont faites de plaques d'écorces d'arbres (*bivin*) fixées sur deux barres par des lianes. Il s'agit des portes à couverture sur barre. La technique utilisée est l'assemblage par ligature. Les fenêtres, lorsqu'elles existent dans l'*abàà*, sont représentées par des baies que l'on couvre généralement avec les écorces (*bivin*). Au cours de l'exécution des travaux, les artisans faisaient usage de plusieurs outils.

2.5. Les outils des artisans

L'outillage du bâtisseur est essentiellement sommaire. Il est constitué en majorité des outils métalliques fabriqués par des forgerons. On récence la machette (*fa*), la hache (*ovon*), le plantoir (*ntoang*), la houe (*ebak*). Ces instruments avaient des usages précis.

La machette (*fa*) et la hache (*ovon*) servaient prioritairement à l'abattage et l'équarrissage des billes de bois et à couper les lianes et les traverses.

Le plantoir (*ntouang*) servait à creuser les trous des poteaux. Cet outil présentait une lame en fer avec un manche en bois. Il pouvait aussi être entièrement en bois.

La houe (*ebak*) était utilisée pour remuer le sol de l'intérieur de la maison.

2.6. Organisation du travail et processus d'apprentissage

Dans les villages où sont expérimentées les techniques de construction, la réalisation des cases est une activité masculine. Essentiellement pratiquée par des jeunes hommes qui, après avoir pris femmes, doivent partir de la maison familiale pour fonder leurs villages. Plus de 90% des hommes âgés interrogés font partie de cette trame de bâtisseurs. Chaque homme, pour prouver qu'il a atteint la maturité par rapport à la classe inférieure devait absolument bâtir son logement. Bien que les femmes ne deviennent jamais bâtisseurs, elles interviennent à plusieurs étapes de la construction. Elles se chargent d'aller porter les matériaux, piquets et traverses que leurs époux utiliseront dans l'élaboration de l'armature. Elles collectent aussi les noix de palme nécessaires au revêtement du sol. Ce sont d'ailleurs les femmes, en général, qui pétrissaient avec les pieds, la terre du sol de l'intérieur de la maison. Les femmes disparaissaient ensuite de la scène pour vaquer à d'autres occupations. C'est donc théoriquement à l'homme, fondateur du village, de prendre en charge les travaux de construction.

La société traditionnelle était solidaire. Cette solidarité s'observait lors des travaux champêtres et pendant la construction des cases. Elle s'est illustrée dans le travail par la formation des associations d'entraide mutuelle appelées (*kama*) c'est-à-dire « travailler ensemble ». Il s'agit d'une entente verbale entre les membres qui décident d'associer leurs efforts pour réaliser un projet agricole ou de construction. Il pouvait regrouper plusieurs personnes.

L'autre méthode qui facilitait le travail était l'*ekaas* . D'après Mvondo Melingui du village Ngoulmekong, l'*ekaas,* contrairement au *kama,* était organisé pour un travail ponctuel et regroupait plusieurs personnes. Ces regroupements corporatifs existent encore dans de nombreux villages (Nlong, Nkolnguet, Ekoumtik...). On pouvait recourir à ces deux méthodes pour exécuter différents travaux dans le chantier : implantation, nattage, charpente, couverture. Toutefois, certains hommes, pour exprimer leur vigueur, travaillent seuls et ne sollicitent aucune aide. D'autres par contre, la sollicitent pour l'étape de la pose des nattes et des plaques d'écorces.

Le travail des enfants, et en particulier, les garçons appelés à rester aux côtés de leurs pères, dépendait de leur aptitude physique comme le font savoir de nombreuses sources orales. En côtoyant en permanence son père, le jeune homme est soumis à un apprentissage technique qui se déroule avec la maturation biologique. Cet apprentissage s'inscrit dans le cadre de la formation du jeune garçon appelé à assurer la relève. C'est dès l'âge de cinq ans environ qu'il débute et s'achève à 12 ans lorsqu'il doit subir le rite *so* car un bon époux doit être un bon bâtisseur. La formation, selon notre informateur, s'organise en plusieurs étapes. La première débute au moment où le jeune apprenti accompagne son père à la recherche des feuilles de raphia et autres matériaux de construction. Pendant cette phase, il observe passivement les différentes opérations et aide le formateur à transporter les matériaux de la brousse au village.

Quelques années plus tard, l'apprenti toujours aux côtés de son père ou de ses oncles sera amené à s'exercer sur le tressage des nattes de raphia et à la confection du clayonnage du mur. Le maître lance l'opération en pliant quelques feuilles puis donne la possibilité à l'apprenti d'achever la natte. Pendant de cette deuxième phase d'apprentissage, aucune défaillance du tressage de la natte n'est tolérée.

La troisième étape que doit atteindre l'apprenti est celle de la pose des nattes sur la charpente en pannes en « écailles de poisson ». Le maître est très attentif et soucieux de la qualité du travail. Il ne cesse de montrer les imperfections et prodigue régulièrement des conseils par rapport à tel ou tel aspect. Il s'agit, pour le formateur, d'amener l'apprenti à développer l'habileté manuelle et la rapidité.

2.7. Les particularités fonctionnelles de la case de l'homme

La case de l'homme, chef de famille (*l'abàà*) est remarquable par ses dimensions importantes et sa position topographique dominante. Elle occupe une place centrale dans la configuration spatiale du village en tant que lieu de vie et espace stratégique car, « elle barre normalement le chemin qu'elle contrôle et qu'elle permet de surveiller » (Laburthe-Tolra, 1981 :265). Le fondateur du village a le regard vers l'extérieur où se trouve sa richesse. Faisons connaissance de l'intérieur de l'*abàà* pour voir ce qu'elle contient.

Du point de vue de la structuration spatiale, le corps de garde est l'espace d'un seul tenant disposant deux à quatre ouvertures. L'ouverture donnant sur la cour (*mbè ya nsen*) signifie porte de la maison du côté de la cour. C'est l'entrée principale de l'*abàà*. Celle qui donne accès à la cour arrière (*mbè ya falag ou fam*) veut dire porte donnant à la cour arrière, échappatoire. À l'intérieur, on peut apprécier l'ordonnancement du mobilier domestique à travers lequel se dévoile la domesticité de la case en tant que lieu de séjour où le chef de famille peut recevoir ses invités. Laburthe-Tolra, après une compilation des récits de Zenker et de Morgen, apporte un éclairage sur l'aménagement intérieur de l'*abàà*. Il relate que :

> le mobilier se composait principalement de lits bas (*Enoon*) en axes de palmier-raphia (improprement appelés « bambous » dans tout le Cameroun méridional) d'un travail très soigneux et disposés dans l'*abàà* perpendiculairement aux murs (cf. Zenker, 1895 Planche 3).On reconnaissait les tabourets sculptés (Morgen, 1893, Supra P 125) [...] entre chaque lit, sur le sol de terre battue, un feu était entretenu jour et nuit par des petits garçons et les esclaves. Il servait d'allume-pipe le jour, d'éclairage la nuit, de chauffage en tous temps, puisque l'on vivait et dormait à peu près nu, sans pagne ou couverture [...]. Le poteau central était également sculpté et coloré (51). On appuyait et accrochait sur ce poteau les armes et les munitions. (Laburthe-Tolra, 1981 :265-266)

Cette description renseigne plus ou moins fidèlement sur les aspects de l'organisation de l'espace intérieur de l'*abàà* (Fig.1). On peut noter le fait pour ces auteurs d'avoir négligé la dimension anthropomorphique dans la localisation de certains espaces. Selon la tradition orale, les Eton, Batschenga et

Manguissa voire les Bëti situent les objets par rapport aux parties du corps humain. C'est ainsi que le foyer peut se situer soit sur le « flanc » du lit (*avel enoon ou abum enoon* (ventre du lit). Certains outils comme les machettes et les couteaux, à cause de leur dangerosité sont cachés soit au dos du lit (*mvus enoon*) soit au « bas-ventre » du lit (*abum si enoon*). Puisque l'homme utilisait régulièrement la pipe, celles-ci est posée sur « tête du lit » (*nlo enoon).* L'anthropomorphisme intervient aussi dans la distinction des parties de l'édifice. Les termes *nlo ndà* (tête de la case) pour situer le pignon droit, *zut ndà* (le cul de la case) pour désigner le pignon gauche.

Fig.1 : Vue intérieure de la case de l'homme l'*abàà* d'après Zenker (1895) in (Laburthe-Tolra, 1981 : 267)

La deuxième remarque faite à la lecture de cet extrait est l'existence d'un poteau central (*nnom andié*) sculpté dans l'*abàà*. Aux dires de C. Bela, les poteaux similaires ont été découverts en pays eton (Fig.2). En observant le poteau, « Le long de l'axe vertical, on identifie clairement une succession de sculptures représentant tantôt des hommes avec des sexes proéminents, tantôt des femmes avec leurs seins allongés en pis de chèvre. Au-dessus de ces figures humaines, près du sommet fourchu, des tortues sont sculptées de part et d'autre de la verticale.» (Bela, 2007:129)

Fig. 2 : Exemples de poteaux sculptés de la case de l'homme (*abàà*) chez les Eton. Hauteur : 287,4 cm. Source : C Bela[8].

Sortons de l'intérieur et, en aucun cas, il n'a été fait mention du *nkongo-ndà* qui jouxte le corps de garde. L'*abàà* est l'espace de réception des invités certes, mais tout le monde ne peut y avoir accès car c'est dans son *hall* que sont exposés les symboles de la

[8] *Les expressions sculpturales au Sud Cameroun : le cas du pays Beti*, Thèse de Doctorat Ph/D. en histoire de l'art, Université de Yaoundé I, 2007, p. 422.

puissance de l'homme notamment les attributs du pouvoir : objets rituels et biens personnels du chef de famille qu'il conserve jalousement. La parade est donc trouvée en construisant devant l'*abàà*, le *nkongo-ndà* (case hangar). Il s'agit d'un espace de séjour, d'activités et de restauration. Simon Owona en a fait une description physique en commençant par le toit qui est :

> en nattes de raphia avec deux pentes. La toiture repose sur quatre ou huit poteaux (*mendié*) aux extrémités fourchues. La case mesure entre 3 et 5 mètres de long sur 2 à 3 mètres de large, et 2 mètres de hauteur de faîte. L'intérieur est meublé des lits en bambou, des chaises en rotin, des tabourets. Au centre de la case hangar, un feu est entretenu. Dans un coin se trouve la pierre à aiguiser. Contrairement à l'*abàà*, ses parois ne sont pas couvertes. Sur les poteaux, on accroche l'*eyam* ou le *mbiang* (cerceau de liane, rotin de préférence, utilisé pour grimper sur les palmiers à huile-*alen, elaeïs guinennsis* soit pour collecter le vin de palme (*meyok melen*) ou couper les régimes de noix). C'est dans le *nkongo ndà* dit M. Owona simon, que l'on consommait les repas symboliques comme la chèvre du deuil (*kabat awù*), les plats de viande du chien, du chat, ou on se partageait la nourriture du pays (*bidi bi nnam*) par exemple les repas funéraires, le plat de vipère ou la bouillie de maïs (*nsok*)[9].

Les données ethnographiques collectées sur le terrain ont permis d'envisager une reconstitution de la maison du chef de famille avec sa structure annexe que l'on désigne localement *nkongo-ndà* case hangar ci-dessous représentée.

---

[9] Entretien à Nlong avec Simon Owona, le 14/12/2007.

Fig.3: Essai de reconstitution de l'abàà (corps de garde) chez les Manguissa d'après les informations recueillies auprès de Camille Okala.

Fig.4 : Essai de reconstitution du ndà (cuisine de la femme) chez les Manguissa d'après les informations recueillies auprès de Camille Okala.

Il ressort de cette section d'étude que, contrairement à la négation de l'architecture locale prônée par les occidentaux, les populations locales avaient une architecturale originale marquée par le déterminisme écologique. L'originalité de cette architecture s'exprime par la dualité case de l'homme, case de la femme et dans la conception. La maison de forme rectangulaire en écorces d'arbre reste prédominante et constitue un élément d'identité culturelle. Le contact des populations autochtones avec l'altérité notamment l'administration allemande ensuite française ne sera pas sans conséquences dans les sociétés traditionnelles du Sud Cameroun. Les techniques de construction seront fortement affectées. Les procédés traditionnels de construction sont progressivement abandonnés pour adopter les techniques introduites pendant de la colonisation.

Chapitre 3 - La période allemande (1884-1916) et la nouvelle maison du chef

Les Allemands prennent possession du Cameroun le 12 juillet 1884 à la suite de la signature du traité germano-douala (Mveng, 1963). Les nouveaux occupants entreprennent de mettre en valeur le territoire d'abord sur la côte, ensuite vers l'*hinterland.* Les sociétés traditionnelles qu'ils trouvent en place subissent une mutation profonde avec la mise en place d'une organisation sociale fondée sur la chefferie indigène et l'introduction de la culture de rente dont la vente des produits procure des devises. Ceci va entrainer l'amélioration des conditions de vie, et par conséquent de l'habitat des communautés locales. Il importe d'exposer le contexte historique dans lequel s'est fait le contact entre les populations du Cameroun central avec les Allemands.

3.1. Contexte historique de l'occupation du Cameroun central par les Allemands

L'histoire de l'occupation du Cameroun central ne peut se comprendre en dehors de celle de *Jaunde,* ville historique, et foyer de diffusion des techniques architecturales. Les Allemands s'étaient d'abord fixés le long de la côte. C'est à partir de là, qu'ils se lancent à la conquête de l'arrière-pays après avoir mis en place une infrastructure socio-économique et administrative fonctionnelle à Duala, Kribi et Victoria : écoles, hôpitaux, bâtiments administratifs, plantations. Cette œuvre allemande au Cameroun est traitée par des auteurs comme Rudin (1938), Mveng (1963), Ngoh (1990), Essomba (2006) pour ne citer que ces exemples.

La reconnaissance de l'*hinterland* ne se fait pas sans difficultés. La voie des cours d'eau s'étant soldée par un échec à cause des chutes et des rapides, ils ont dû braver l'obstacle que constitue la grande forêt équatoriale truffée de nombreux animaux sauvages et infestée de moustiques, et les résistances de certaines populations. La révolte des Ewondo conduite par Omgba Bissogo, et celle des *Bënë* avec, comme chef de file, Amougou Baana (Owona, 1996 : 90).

La première expédition qui se jette à l'eau est conduite par les lieutenants Kund et Tappenbeck, le zoologiste Weisseborn et le botanique Braun. Celle-ci atteint *Jaunde* à la fin de l'année 1887 (Laburthe-Tolra, 1981 : 229). Le milieu qu'ils découvrent est apprécié car, « situé à 800 mètres d'altitude, Yaoundé offre un climat idéal et sa population méfiante au début n'offrit qu'une résistance symbolique aux troupes dahoméennes des forces coloniales allemandes » (Mveng, 1963 :229). Ces conditions favorables, souligne (Laburthe-Tolra, 1982 :101), amènent les Allemands sous la direction de Tappenbeck à fonder une station l'année suivante c'est-à-dire en 1888.

3.1.1. Implantation des Allemands dans la Lékié

Jaunde attire les Allemands au rang desquels Zenker, Morgen et Dominik à qui nous devons une partie des connaissances de la vie matérielle des peuples du Cameroun central. Ici, ils doivent, dans un premier temps, marquer de leur présence en mettant en place une fortification à l'intérieur de laquelle des aménagements propres à leur style de vie étaient construits. Au-delà de l'exigence de sécurité et de propreté, la fortification « visait à produire une forte impression sur les populations et, en même temps, elle matérialisait la puissance coloniale par la présence militaire » (Essomba, 2006 : 258). Par cette réalisation, un des traits de la culture occidentale fit son entrée dans l'arrière-pays. Le développement de la station devait se poursuivre après sa fondation. En 1892, elle totalisait 25 bâtiments rectangulaires en potopoto, chose impressionnante qui avait étonné le lieutenant Von Ramsay (Essomba, 2006).

En 1895, le major Hans Dominik devait y apporter sa touche personnelle dans l'édification du poste militaire dont il a pris la tête l'année précédente. Ses réalisations sont remarquables, à savoir «la construction de la première maison en matériau définitif « en dur », un hangar de 12m sur 5m, mais aussi la première maison à étage pour abriter la résidence » (Essomba, 2006 : 262). Dans cette liste, il faut également mentionner « deux magasins, une cuisine, un laboratoire, une écurie pour chevaux, une étable, un poulailler, un hangar pour sécher les tuiles, un établissement de bains et une grande maison en bois destinée à loger les européens » (Essomba, 2006 :262). Désormais, l'édifice en briques de terre cuite connaît une expansion rapide grâce à la construction d'une briqueterie et d'une tuilerie à *Jaunde* en 1896. En fait, Dominik songeait à équiper son poste des bâtiments en briques qu'on qualifia de construction en dur (Von Mende, 1988 : 42). Ce modèle occidental contraste avec le local caractérisé par des cases en écorces dont la durée de vie semble être relativement courte.

Après avoir implanté les contours de la station dont il avait la charge, Hans Dominik trouve que le moment est venu pour lui de se lancer vers une nouvelle aventure au nord de *Jaunde*. La station devait servir de base arrière à cette nouvelle mission. En plus de la reconnaissance de la partie septentrionale du pays, les Allemands se font du souci pour l'instabilité causée par la migration des populations du Nord vers le Sud. Ces mouvements de populations inquiètent Dominik au point où, il décide d'informer sa hiérarchie de la métropole comme l'indique ce rapport cité par J.P. Ombolo :

> L'avancement des peuples de l'Adamaoua vers le Sud s'effectue à un rythme accéléré, les avant-gardes de ce mouvement sont déjà arrivés dans les environs de la région qui touche Yaoundé. [...] Ces déplacements

des tribus ne s'arrêteront pas, mais continueront plutôt en direction de Yaoundé sans doute à cause de la violence du chef Voûté, Njila, et de la force qui est à sa disposition (1998 :105).

Le désordre qui régnait dans cette région avait été engendré par des relations conflictuelles qui opposaient les Foulbé aux Voûtés. Les premiers, fortement islamisés, voulaient répandre l'islam en direction du sud (Ombolo, 1998 :104-106). Contraints de battre en retrait, les Voûtés bousculent les *Bëti* qui seront obligés de fuir et de traverser la Sanaga. Le mouvement migratoire du Nord vers le Sud trouve son origine dans ces escarmouches. L'administration allemande ne pouvait laisser s'installer ce remue-ménage auquel Hans Dominik, en bon officier, devait mettre fin. Ce contexte social amène les Allemands à prendre possession de Batschenga qui, pour eux, apparaissait comme un point stratégique.

Lorsque Hans Dominik décide d'occuper Batschenga, il nourrit l'ambition de freiner les vagues migratoires en provenance de l'Adamaoua, de limiter les assauts réguliers des voûtés et de soumettre ces derniers à l'autorité coloniale. Pour y parvenir, il met en place une stratégie qui consiste à prendre pour compagne, Marie Manga, une jeune fille voûté du village Djamé avec qui, il eut une fille, Anna Dominik[10]. Par cet acte, le chef de la station a réussi à sceller, par la filiation, une amitié avec les Voûtés et,

[10] Entretien avec Tobie Ombédé, 74 ans, retraité, Batschenga, le 04/08/1999.

comme relève (Mveng, 1963 :299), il a fini par « s'indigéniser ». L'occupation de Batschenga est effective, la région est stable. Désormais, les populations sont soumises à l'autorité allemande. Ce que confirme Morgen en ces termes rapportés par Laburthe-Tolra « Ngilla, tout comme son voisin de l'Est Mango aurait certainement déjà poussé ses incursions au-delà de la Sanaga, s'il n'avait pas été tenu en respect par l'installation des blancs » (1982 :98). En plus du rôle stratégique que jouait ce village, il présente des atouts favorables au développement économique et touristique. Les activités économiques qui se développent dans le pays visent, avant tout, la satisfaction des besoins de la métropole. Au cours des tournées qu'il effectue à Batschenga, H. Dominik accompagné de ses compatriotes Zenker et Zimmermann ne manquent pas de mentionner les atouts économiques de cette localité dans le rapport qu'il adresse au gouverneur Eugen Von Zimmerer au Kamerun en 1895 (Mvogo, 1999 : 60-63). Il rapporte que les cours d'eaux regorgent de nombreux avantages, économiques dans les domaines touristiques et de chasse :

> L'armurier Zimmermann est allé tous les jours sur l'autre rive de la Sanaga pour chasser et n'est jamais revenu bredouille. Mes gens se sont tellement régalés des antilopes, dont on en avait tellement que monsieur Zenker en faisait fumer et transporter à Yaoundé une grande partie. C'était presque un parc à gibier. D'importants troupeaux des grandes antilopes cheval jaune, quelques exemplaires de la jolie antilope

> sobre alternaient avec des buffles et quelques éléphants, tandis que de grandes perdrix des champs s'envolaient de partout à notre approche et que des pintades couraient devant nous dans l'herbe. (1999 : 61-62)

Autant de richesses ne pouvaient que susciter l'intérêt des Allemands dans ce village surtout qu'au moment où il arrive à Batschenga, Dominik constate que le sol a certaines qualités et écrit qu'il

> était d'emblée noir, plein d'humus, et riche en produits ferreux. L'on remarquait déjà que l'on se trouvait à proximité d'une rivière, la Sanaga qui passait entre deux steppes. En chemin, on observait que des champs étaient cultivés avec grands soins dans de nombreux villages. Pendant la traversée de ces villages d'environ 20 huttes, l'ombre des palmiers qui s'y trouvait, de nombreux arbustes portants des limons murs rendaient l'environnement accueillant. (Mvogo, 1999 :67-68)

Cette appréciation ne laissait-elle pas sous-entendre la possibilité de créer une zone d'exploitation agricole dans ce village ? L'histoire donnera raison à Dominik quelques années plus tard lorsque la firme Malitzke et Puenjer s'y installera. En réalité, la présence allemande va entraîner des changements profonds de la société locale.

3.2. Les mutations socio-politiques et économiques

Dans cette section, nous parlons des changements socio-politiques et économiques intervenus pendant l'occupation allemande. Pendant cette période, une nouvelle organisation socio-politique fondée sur la chefferie traditionnelle prend corps ainsi que l'introduction des cultures de rente.

3.2.1. Création des chefferies et désignation des premiers chefs traditionnels

Les colonisateurs allemands avaient institué la chefferie traditionnelle au sud Cameroun pour asseoir leur autorité et surtout pour contrôler les masses paysannes en divagation (Ghomsi, 1986 :128-132). Désormais, la nouvelle attribution dévolue au chef désigné contraste avec le rôle de protecteurs des valeurs culturelles et des intérêts familiaux, et des groupes claniques que jouaient les *mikoukouma,* les *mintôl* dont-ils s'occupaient (Lombard, 1967). Cette entité socio-politique était dirigée par un chef supérieur (*Oberhaüptling)* ou alors un chef de village (*hautpling*) qui devait jouer le rôle d'intermédiaire entre la masse indigène et le pouvoir colonial. À ce titre, le chef était intégré dans l'administration coloniale (Kpwang Kpwang, 2011). C'est dans ce contexte que les unités de commandement indigènes furent créées dans la Lékié. Les modalités de désignation des chefs ne respectaient aucunement les valeurs traditionnelles. Abwa souligne que « les chefferies traditionnelles furent de création artificielle ne répondant à aucune réalité coutumière… » (1994 :349).

Les personnes désignées pour incarner ces institutions se devaient d'être dociles envers l'administration coloniale et les chefs de tribus qui se montraient indépendants ont été déposés (Imbert, 1973 :39). Plusieurs clans n'ayant aucun lien de parenté sont contraints au regroupement au sein d'une seule chefferie. L'administration allemande avait, au départ, tenté de regrouper toutes les populations sous l'autorité d'un seul chef, Mbono Akono qui résidait à Niga (Ombolo, 1978 :104). Mais, comme le souligne l'auteur, l'importance numérique des Eton et l'immensité du territoire devaient rendre sa tâche difficile. C'est ainsi que les Allemands décidèrent de résoudre ce problème en créant plusieurs unités de commandement indigène vers 1910. Les sources écrites consultées de Nnomo (1985), Mveng (1990), Onomo Etaba (1991), Mvogo (1999), Ombolo (1978,1998) permettent de dresser une liste des premiers chefs désignés.

Chefferies	Sièges	Noms des chefs
Eton Est	Obala	Bessala Melono, Ateba Ebe
Eton Ouest	Ngoulmekong	Tsang Manga
Manguissa	Sa'a (Elig-Zogo)	Zogo Kouné Ngono
Elig ndongo	Koudandeng	Messanga
Batschenga	Batschenga	Nkoulu
Manguissa	Pays manguissa (?)	Awono

Tableau 2: Liste des chefferies, des sièges et noms des premiers chefs nommés par les Allemands dans la Lékié.

Les chefferies traditionnelles ne sont pas encore fortement hiérarchisées comme ce fut à la période française. Les autorités traditionnelles sont de simples agents d'exécution qui pouvaient être remplacés à cause d'une peccadille. Bessala Melono, premier chef des Eton- Est, en a fait les frais à cause d'une malversation financière. Ce dernier fut envoyé en prison et son frère, Albert Ateba Ebe, lui succéda (Ombolo, 1998 :132). Dans les autres chefferies, la situation était stable. La plupart de ces auxiliaires de l'administration désignés par les Allemands vont être maintenus après eux, à l'exception de Tsang Manga Pierre décédé en 1919. Il fut remplacé la même année par son fils Awono Koh Jean. Zogo Kouné Ngono resta en poste jusqu'à sa mort le 16 Novembre 1939 (Ombolo, 1998 :233). L'émancipation économique des masses indigènes préoccupait également l'administration allemande qui ne tarda pas à introduire les cultures de rente dont l'essentielle de la production était destinée à la métropole.

3.2.2. Introduction des cultures de rente et la formation d'une élite économique locale

L'introduction des cultures de rente s'est faite de la côte vers l'intérieur du pays. Cacao, café, certaines variétés de tabac, hévéa, banane, palmier à huile sont expérimentées à Batschenga par les Allemands (Mvogo, 1999 :91). Plusieurs firmes commerciales allemandes s'étaient engagées dans la création de grandes plantations dans la circonscription de Jaunde. Mvogo a mentionné Wiermann, Putzen, David Joreshershell, Malitzke et Puenjer. Cette dernière s'implante à Batschenga et lance l'agriculture mixte d'exportation.

On cultive l'hévéa *brésilien* à l'intérieur des plantations de tabac, et tout autour des plantations de bananiers. La variété de tabac cultivée est le *Sumatra* très apprécié, dit-on, par les consommateurs européens à qui l'essentiel de la production était destinée. La cacaoculture connait un début d'expansion. Cette plante introduite au Cameroun autour des années 1886-1887 sous Julius Von Soden (Assoumou, 1971 :47) sera plus tard à l'origine du progrès social des populations. Déjà, une poignée de privilégiés avait réussi à se procurer des semences auprès des colons et à créer des plantations individuelles autour de leurs cases. Ce fut les débuts d'une intense activité agricole qui allait connaître une expansion spectaculaire avec l'effet induit comme la formation d'une classe sociale constituée des planteurs. Parmi ces planteurs, on compte les chefs traditionnels, propriétaires de vastes champs individuels. Il s'agit, par exemple, d'Albert Ateba Ebe, Pierre Tsang Manga, Jean Awono Koh, Simon Etaba, Zogo Kouné Ngono, Mebara Belibi Joseph.

D'autres « indigènes » se lancèrent également dans la cacaoculture. Nous citons les noms consignés dans les archives allemandes de la firme Malitzke et Puenjer ; Ndzana d'Olembé était propriétaire d'une plantation de 2500 m^2, Oloa Nkodo possédait 1700 m^2[11]. Les cultures comme l'hévéa, la banane, le palmier à huile sont restées au stade expérimental alors que la culture du tabac s'est développée sous le contrôle exclusif des Allemands.

Quoi qu'il en soit, l'introduction des cultures de rente et le contact avec le monde occidental ont produit des effets sociaux indéniables et qui attestent un changement du mode de vie des populations dites indigènes. Au départ, il n'était pas facile de construire une « maison en dur » c'est-à-dire en briques de terre cuite et tuiles symbole de la maison occidentale synonyme de réussite sociale. La production de ces matériaux exigeait un savoir-faire. Ce sont les chefs d'une certaine envergure qui pouvaient s'offrir les

---

[11] A.N.Y/FA1/609. Malitzke und Puenjer in Bezirk Yaunde (pp.10-19).

services des spécialistes (maçons, charpentiers, scieurs) pour la construction de leurs palais. Ceux-ci pouvaient mobiliser les ressources financières pour les payer. Le contexte colonial avait facilité l'introduction des cultures de rente pour promouvoir l'émancipation économique des populations locales. Les effets sociaux ne vont pas tarder à se faire sentir. Ils sont perceptibles au niveau de l'habitat qui traduit l'amélioration des conditions de vie. Deux types de maisons sont adoptés par les chefs. La case en potopoto ou case en terre battue encore appelée maison en bauge, et la case en briques de terre cuite.

3.3. La nouvelle maison du chef. Entre recherche du confort et rejet de la précarité

À Jaunde, la case rectangulaire en potopoto a transformé le paysage architectural de la station. Celle-ci présentait deux avantages certains pour les Allemands. La résistance aux intempéries, la zone étant située en plein climat équatorial où les précipitations et l'humidité sont abondantes. En plus, la maison en terre battue, par sa technique de construction, offre une meilleure résistance aux aléas climatiques et garantit le confort aux occupants. Quelques maisons construites, il n'y a pas très longtemps, surtout celles en terre battue, perpétuent cette tradition architecturale dans les villages et les campagnes du Cameroun forestier. Par contre, dans les centres urbains, la modernité a pris le pas sur la tradition scellant définitivement le sort de la maison en terre battue. Durant la période allemande, les chefs ne tardent pas à l'adopter. Quels étaient les particularismes de la nouvelle maison en bauge?

3.3.1. Les données ethnographiques

Les observations de terrain et les enquêtes ethnographiques régulièrement menées dans la zone d'étude de 2000 à 2007 ont permis de répertorier les formes architecturales et de collecter un maximum d'informations. Il s'agit d'une étape importante si l'on veut reconstituer la chaîne opératoire d'un édifice. Les étapes de la chaîne opératoire comporte deux phases principales. La première est la recherche des matériaux et la seconde la réalisation. Pendant cette deuxième étape relative à l'opérationnalisation de la construction, on évoque la fondation ou l'implantation qui s'accompagne des cérémonies rituelles (Laburthe-Tolra, 1981), la confection de l'armature des murs (Begin, 1952), la charpente, et la couverture du toit.

En ce qui concerne l'étude des maisons en dur, les travaux de (Von Mende, 1988) restent une référence. Pour bâtir la maison, le technicien utilise de nouveaux matériaux de construction. La brique de terre cuite remplace le poteau en bois, l'ossature et la terre. La tuile et la tôle ondulée remplacent la natte de raphia. Ces changements s'accompagnent d'une terminologie nouvelle où les mots comme élévation, crépissage des murs, tôlage font leur apparition.

Les données collectées constituent un échantillonnage permettant d'élaborer un corpus d'éléments techniques qui peuvent faire l'objet d'une caractérisation archéologique. C'est ainsi que plusieurs échantillons ont été retenus et observés minutieusement à l'œil nu pour identifier les techniques et les matériaux de construction. Certains matériaux (lattes et poteaux en bois, tuile, brique) ont été analysés avec un échantillon de référence conservé à l'École Nationale Supérieure Polytechnique de Yaoundé.

3.3.2. Analyse de la technique construction de la maison en terre battue avec un toit en nattes de raphia

Dans la recherche des matériaux, les artisans privilégient le bois dur, de préférence, le « bois de fer » (*Coula Edulis-éwomé*). Dans un contexte pédologique marqué par un fort taux d'alcalinité, cette espèce végétale est choisie à cause de sa résistance à l'activité biologique et son imputrescibilité. Les poteaux et les poutres sont produits par équarrissage du tronc du *Coula Edulis*. Toutefois, l'identification des essences utilisées dans la construction s'est faite sur la base des morceaux de bois prélevés dans les murs et les charpentes, et qui ont fait l'objet d'une comparaison analogique avec l'échantillon de référence présenté dans le *Recueil de fiches techniques*[12]. La différence entre la case en bauge et la case en écorces se situe au niveau de l'élaboration de la structure des murs.

3.3.2.1. La confection du mur en terre battue

Le principe de confection du mur repose sur la mise en place de l'ossature portante comporte les poteaux en bois, les traverses en bambous de raphia ou en branches de palmiers à huile, et les lianes. La technique utilisée pour construire l'armature du mur est l'assemblage par ligature. Une fois le dispositif en place, on lance la préparation de la bauge. La terre est creusée à proximité du site à l'aide d'un plantoir ou d'une pioche. Puis, on la rassemble avec la houe ou la pelle de manière à former un tas au sommet duquel on crée une dépression qui va recevoir de l'eau. Commence alors un long pétrissage qui utilise l'énergie humaine. Il s'agit d'une activité pénible qui requiert une main d'œuvre vigoureuse. Celle-ci doit s'occuper du pétrissage pédestre jusqu'à la consistance souhaitée. Ce travail ne se fait pas sans difficultés, comme celles liées, à la fourniture d'eau. Pour résoudre ce problème d'approvisionnement du liquide, on préfère réaliser le garnissage des murs en saison pluvieuse. L'inconvénient est que les murs prennent du temps à sécher.

---

[12] Ce document est disponible à la bibliothèque de l'École Nationale Supérieure Polytechnique de l'Université de Yaoundé I.

La technique du mur appelée « bauge entre claies » est définie comme le garnissage en terre (Houben, 1985 :165). En effet, le bâtisseur confectionne des mottes de terre qui sont transportées manuellement. La bauge est ensuite déposée sur la claie pour son garnissage. Cela consiste à gicler une motte de terre sur l'armature puis, à l'écraser latéralement à l'aide des doigts de la main droite ou gauche. La matière est étalée de haut en bas et raclée sur toute la paroi interne ou externe. La main exécute les mouvements latéraux, horizontaux et parfois obliques sur le mur en l'humidifiant de temps en temps. L'opération permet une égalisation de la surface du mur. Après le garnissage, intervient la phase de pétrissage des murs.

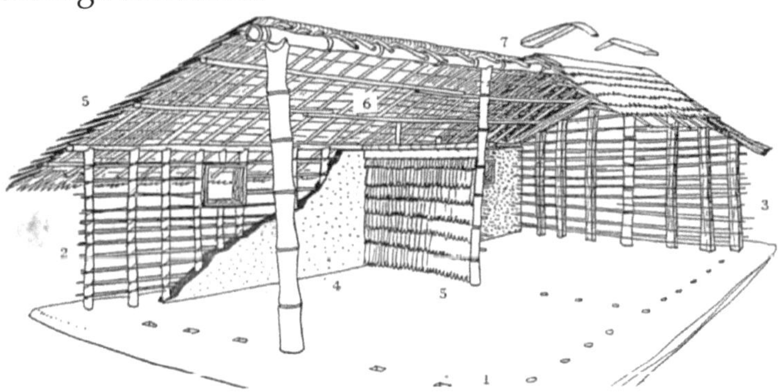

Fig. 5: Principes de construction d'une case en potopoto, d'après Begin 1952.p.107

1-Sol de terre battue
2-Armature du mur : bois et bambou.
3-Armature d'un mur pignon.
4-Remplissage du potopoto.
5-Cloison de nattes de palmier raphia.
6-Pannes et chevrons de bambou.

L'observation minutieuse de certains murs laisse apparaître une face superficielle lisse. Celle-ci résulte du pétrissage, procédé qui consiste à façonner la surface du mur pour la rendre plus homogène en éliminant les défauts laissés par les mottes de terre et les traces de doigts. Ce travail de finition se fait à la main et vise à donner un meilleur aspect à la case. Le mur peut aussi être crépi. Cette technique requiert l'usage d'un enduit. L'enduit utilisé couramment est l'argile prélevée dans les marécages ou aux abords des cours d'eau. Elle pouvait subir un traitement en y incorporant du sable qui joue le rôle de dégraissant afin de la rendre moins cassante. Par la suite, l'introduction du ciment va apporter des modifications sur le traitement du mur.

Le crépissage consiste à étaler le mortier de ciment sur toute la hauteur du mur à l'aide d'une taloche. La motivation de cet acte est double. D'une part, il vise l'esthétique que recherche le propriétaire car son bâtiment doit être beau à voir et d'autre part, c'est un moyen de protection des murs exposés aux intempéries. Les murs de la case en potopoto combinent parfois plusieurs techniques à savoirs : l'assemblage par ligature, la bauge entre claies (garnissage des murs), le crépissage et le pétrissage. En réalité, les procédés de construction ne sont pas figés. Ils varient selon le goût du propriétaire, ce dernier étant déterminé par le pouvoir économique dont dispose le bâtisseur. Dans l'ensemble, le principe d'élaboration du mur est fondé le clayonnage, le garnissage par la bauge le pétrissage et éventuellement le crépissage. Le sol retient aussi l'attention des artisans tout comme les ouvertures. Dans ce type de case, l'aménagement du sol est le même que celui d'une case en écorces, les changements ne sont pas intervenus à ce niveau.

3.3.2.2. Les ouvertures

Les deux éléments d'ouverture sont les portes et les fenêtres. On note une évolution importante avec l'abandon des ouvertures en écorces et l'adoption des portes et fenêtres à couverture sur barres. La fabrication de ces éléments requiert, l'utilisation des liaisons.

La liaison est l'assemblage harmonieux des différentes parties d'une œuvre (Eulacia, 1976 : 96-97). Les éléments de consolidation des liaisons sont, entre autres ; des tourillons, des chevilles, des boulons en fer et des clous. H. Eulacia traite de la menuiserie, notamment les liaisons qui sont les systèmes d'assemblage du bois. En ce qui concerne les ouvertures, les cases en bauge nouvellement construites ont les portes à couverture sur barres. La case de Tsanga Atéké à Ebernga, témoin de cette catégorie architecturale fut bâtie en 2002.

Photo 1 : La case d'Onguene Ebode à Eberngа[13]

Eberngа est un hameau du village Ngoulmekong. Ici, la vie des populations est marquée par la pauvreté. Cela ne facilite pas une évolution rapide de leur habitat et entraîne la pérennisation des survivances. La maison présente une porte centrale qui mesure 1,87mx0, 82m, et les fenêtres 0,54m x 0,70m. La technique d'assemblage est à plat-joint cloué. Les planches qui servent de couverture sont clouées sur des supports (barres et écharpes). Il semble qu'avant l'introduction des pointes métalliques, la liaison à plat joint à tourillon était répandue. La construction d'une case mobilisait, soit les membres de la famille, soit les ouvriers qualifiés.

[13] Construite en 2002. La case est de petites dimensions (4,5 x 6m). L'armature des murs est faite de poteaux en ewomé (*coula edulis*) équaris, ligaturés aux bambous, et le poto-poto recouvre l'armature. Une toiture à deux versants en nattes de raphia couvre la maison.

3.4. Organisation du travail sur le site pendant la construction

Contrairement à la case en écorces, la case en terre battue nécessitait une main d'œuvre importante. Si l'esprit de solidarité des bâtisseurs a parfois aidé à contourner certaines difficultés, comme la construction de la charpente et la confection des claies, cela n'occulte en rien la pénibilité de la production de la bauge qui exige de bonnes aptitudes physiques. Les hommes s'adonnent à la fabrication de la bauge (malaxage eau et terre) alors que les femmes et les enfants assurent la fourniture d'eau, le transport de mottes de terre et garnissent les claies. Lorsqu'elles ne sont pas impliquées directement aux travaux de construction, les femmes approvisionnaient les travailleurs en repas. L'habileté de certaines femmes emmène les hommes à leur confier le pétrissage des murs à l'argile. La répartition des tâches tient compte du genre, l'âge et éventuellement de l'aptitude physique. Selon certains témoins, les cases entières pouvaient être construites en quelques jours de travail. Tout est fonction du nombre de personnes impliquées dans les travaux.

La case est à deux pentes recouvertes par la natte de raphia avec des murs en terre-battue. Des aménagements sont apportés à l'*abàà*. Désormais, l'espace habitable est divisé en compartiments spécialisés où se dévoilent la salle de séjour et la chambre à coucher. Les portes ne sont plus en écorces mais plutôt en bois dur. Désormais, la case est éclairée par la lampe à huile. À propos de l'aménagement intérieur de la maison de Zogo Kounè, voici ce que dit Ferdinand Zogo notable d'Elig-zogo près de Sa'a. « La case de mon père était à étage, couverte par la natte de raphia et comptait six pièces dont quatre chambres à coucher et deux salons. Le mobilier était composé ; des lits en bois, des chaises en rotin et une chaise en bois massif. Ce sont ces éléments qui meublaient cette case dont je garde encore le souvenir d'enfance »[14] . Ce récit donne un aperçu de ce que pouvait contenir une maison de chef de village à l'époque allemande qui tranche avec l'époque précédente.

Comme on vient de le voir tout au long de ce chapitre, la période allemande se distingue de l'époque précoloniale par l'émergence de nouvelles formes architecturales. Au plan typologique, on assiste à la construction de la case en terre battue et de la case en brique de terre cuite ou « case en dur » et qui fera l'objet d'une analyse plus loin. Il a été possible de caractériser la case en terre battue de la présenter de la situer dans son contexte historique de création. Si elle nait pendant la période allemande, des modifications structurelles y seront apportées pendant l'occupation du pays par France.

[14] Entretien avec Ferdinand Zogo à Elig-Zogo, le 29 octobre 1998.

Chapitre 4 - Période française (1916-1960) et diversité des formes architecturales des sièges de commandement indigène

Pendant la période française qui court de 1916 à 1960, la chefferie traditionnelle subit la reforme suite à l'arrêté du 04/2/1933 qui définit le statut du chef indigène. Bien avant cet acte administratif, certains chefs s'étaient déjà fait remarquer par la construction des somptueuses résidences, Atéba Ebé Albert à Obala, Etaba Simon à Efok, Essomba Auguste à Endinding, Awana Koh Jean à Ngoulmekong. « L'épidémiologie » des maisons à étage se repend dans les chefferies. La maison en terre introduite par les Allemands opère une mutation technique par l'adoption de nouveaux matériaux de construction. De nombreux sites de la zone d'étude recèlent encore les témoins matériels de cette époque glorieuse de la chefferie traditionnelle.

4.1. La réforme de la chefferie traditionnelle pendant la période française 1916-1960

La chefferie traditionnelle existait déjà dans la région à la fin de la période allemande. Mais, celle-ci n'était pas fortement hiérarchisée. Le commandement indigène se limitait uniquement au niveau du village. Un chef de région contrôlait leur activité. Au cours de la période 1920-1940, le pouvoir colonial français va créer trois types hiérarchiques d'unités de commandement indigène (Imbert, 1973 :38). Par ordre d'importance, on distingue : la chefferie supérieure ou de premier degré ; la chefferie de deuxième degré ou chef de groupement et la chefferie de troisième degré ou de village (Ombolo, 1998 : 36). La multiplication du nombre de chefferie avait un avantage pour le pouvoir colonial français. Il fallait palier aux difficultés liées à l'insuffisance du personnel européen donc la prise en charge représentait un coût pour les dépenses publiques (Etoa Oyono, 2018), (Suret-Canale, 1962), (Temgoua, 2011). C'est ainsi que trois anciennes chefferies de village de la Lékié furent érigées en chefferies supérieures. L'administration institua les unités de commandement de second et de troisième degré. Les chefs indigènes, en plus des décorations honorifiques, du port de l'uniforme avec des insignes tels que les épaulettes et des galons, et des indemnités pécuniaires instaurés par l'administration coloniale, devaient se distinguer par la construction de grandes bâtisses. Le modèle de cet uniforme fut défini en 1933[15].

La construction des maisons fut avant tout, une œuvre collective qui mobilisait une main d'œuvre bénévole, des prisonniers et des techniciens qualifiés. Les anciens palais de chefs sont disséminés un peu partout dans la région. Ils ont fait l'objet d'un inventaire qui n'était pas systématique. Plusieurs bâtisses sont tombées en ruines ou ont complètement disparu. Sur le tableau ci-dessus, figurent les noms de quelques résidences des chefs et leurs dimensions.

[15] J.O.C. n° 306, Arrêté du 04/2/1933 fixant le statut des chefs indigènes.

Nom de l'habitation	Localisation	Dimensions (m)
Palais d'Ateba Ebe	Obala	Longueur : 29 Largeur : 14
Palais d'Awana Abana	Nkolkossé	Longueur : 27,60 Largeur : 20,90
Maison d'Essomba Eloumou	Monatélé	Longueur : 24,5 Largeur 13,5
Palais de Mebara Belibi	Lebamzip	Longueur : 16 Largeur : 11,5
Palais d'Etaba Simon	Efok	Longueur : 18 Largeur : 12,5
Palais Zogo Kounè Ngono	Sa'a	Longueur : 15,5 Largeur : 9
Palais d'Essomba Auguste	Edinding	Longueur : 30 Largeur : 15
Palais d'Awana Koh Jean	Ngoulmekong	Complètement disparu
Palais de noah menyé embolo	Mbakomo	Longueur : 18 Largeur : 12

Tableau 3 : Présentation de quelques habitations des chefs traditionnels dans la Lékié.

Il faut dire que l'habitabilité d'une case résulte en théorie de la vision idéaliste du propriétaire. Celle-ci est liée au statut social de l'individu qui pourrait expliquer l'agrandissement de l'espace habitable. L'accumulation des biens matériels qui est le fait du changement social nécessite suffisamment d'espace pour exposer sa richesse synonyme de réussite. Dans cette optique, l'habitation d'un grand planteur ou d'un chef est différente de celle d'un individu ordinaire. Chez les chefs par exemple, les maisons avaient une fonction dualiste. Il s'agit du siège de l'autorité où s'exerce le pouvoir, et en même temps, un espace privé réservé à la famille du chef. Cette dualité a fortement influencé la structuration spatiale des édifices. Au plan domestique, l'habitation est divisée en plusieurs compartiments internes matérialisés par des refends : chambres à coucher, salle de séjour. Parfois, toilettes et cuisines y sont intégrées. Cette nomenclature de la case a entraîné une spécialisation dans l'habitabilité et qui s'exprime par la typologie du mobilier. Les lits en bois ou en bambous sont rangés dans les chambres à coucher. Désormais, la partie centrale de la maison est devenue le lieu de réception. Celle-ci est meublée de chaises en bois ou en rotin.

La case de l'homme perd progressivement son prestige. Elle cesse d'être le corps de garde d'autrefois avec un alignement de cuisines synonyme de richesse pour le propriétaire du village. La pénétration du christianisme a eu pour effet le rejet de la polygamie dont le résultat fut la réduction du nombre de cuisines dans les villages. L'espace architectural se trouve ainsi modifié.

Pour ce qui est du rôle politique, la maison du chef est le siège du commandement indigène. Le chef traditionnel est un auxiliaire de l'administration comme le font savoir plusieurs sources écrites. Il est l'intermédiaire entre le pouvoir colonial et les « indigènes », et dispose d'un personnel qui exerce à la chefferie : secrétaire, notables, membres du tribunal coutumier. C'est ici que les populations du village viennent s'enquérir des décisions du colonisateur.

Les informations collectées auprès des patriarches à Ngoulmekong révèlent que la chefferie était aussi le lieu de l'expression des manifestations économiques et culturelles populaires : les luttes traditionnelles comme le *messing*, le tire à la sagaie (*nkeg*), et les foires (*élere nguen, angara*). Ces événements mobilisaient aussi bien les populations du village que celles des localités éloignées qui prenaient parfois une part active où venaient s'approvisionner en denrées alimentaires. L'instauration des chefferies traditionnelles entraîna le développement d'une architecture palatiale ou de pouvoir. Celle-ci émerge d'abord dans les grandes chefferies à Yaoundé et à Douala comme nous le disons à l'introduction de ce travail. Ces deux édifices se distinguent par leur immensité et matérialise le pouvoir de cette élite locale appelée à exercer le pouvoir à la tête des grandes unités de commandement indigène.

4.2. Approche typologique

Le travail effectué sur le terrain a permis de constituer un corpus représentatif des modèles de cases qui ont été observés. Pas moins de cinq (05) catégories représentatives de cases en matériaux composites ont été répertoriées.

4.2.1. Type 1. Case en bauge ou en terre battue avec un toit en tôles ondulées

En tout, 60 habitations ont été recensées et reparties ainsi qu'il suit : Lebamzip dix-neuf (19) habitations, Koukouda douze (12), Ngoulmekong dix-huit (18) habitations, Leboudi onze(11). Les populations ont adopté la tôle ondulée pendant la période coloniale française. Les voies de communication créées pour ravitailler les centres urbains en produits agricoles devaient faciliter le transport des matériaux de construction importés des zones urbaines vers les campagnes. Ferdinand Zogo affirme d'ailleurs à ce sujet que, « les tôles qui couvrent le toit de la case de mon père avaient été achetées à Yaoundé en 1924 chez un grec, Stamatiades. Une tôle coûtait 10f ». L'édifice dont parle l'informateur est le palais de Zogo Kounè Ngono, chef supérieur des Manguissa.

L'utilisation de la tôle ondulée exige un savoir-faire. Très tôt, le problème de la formation des techniciens aptes à tôler la maison allait se poser. À l'évidence, on avait besoin des charpentiers. Les centres de formation étant inexistantes, les apprentis devaient se former dans « le tas» auprès des parents ou confier aux missionnaires de l'Église catholique comme ce fut le cas de Blaise Okala du village Nkolmewouth. Ce dernier affirme avoir appris le métier de charpentier chez le frère Barthélémy à Nlong. La case en tôles ondulées en zinc apparait donc comme une révolution en termes d'expérimentation de nouveaux matériaux et de procédés d'élaboration de la toiture. Ce modèle de case va se développer et se répandre dans la région grâce à la disponibilité des tôles en zinc que les opérateurs économiques, et notamment les commerçants grecs avaient l'habitude de vendre dans leurs magasins. Par la suite, on note des modifications au niveau des murs. Ils sont pétris avec l'argile et parfois blanchis avec de la chaux.

Photo 2. Case en terre battue avec un toit en tôles ondulées.

4.2.2. Type 2. Case en bauge avec des murs crépis recouverte d'un toit en tôles ondulées

Les témoins matériels sont identifiables par les tôles en zinc, reconnaissables par leur solidité et leur aspect rougeâtre dû à la corrosion. À titre d'exemple, une tôle de deux mètres de long sur 0,80m de large pèse environ 6,5 kilogrammes. Ces données ont été obtenues à Ngoulmekong. La balance qui a servi à la pesée, appartenait à Nkoa Jean, élève en classe de quatrième au lycée de la même localité. Trois cases ont été dénombrées à Koukouda dont une (01) chefferie construite par Bernard Etotogo Ombé, chef de groupement de Koukouda. À Lebamzip, sept (07) habitations, et à Ngoulmekong quatre (04) maisons ; soit en tout quatorze(14) qui représente cette architecture.

Photo 3. Un exemple de case en terre battue avec des murs crépis avec du mortier de ciment

4.2.3. Type 3. Cases en bauge à étage (R+1) avec des murs crépis, piliers en briques de terre cuite recouverte d'un toit en tôles ondulées

À la différence du type 1 et du type 2, les édifices de type 3 comme ceux du type 4 s'élèvent en hauteur. On passe de la maison horizontale à la maison verticale ou à étage « maison du ciel » (*ndà dob*). Ces bâtisses à étage (R+1) sont construites dans la majorité de cas, par les chefs traditionnels. Les piliers en briques, de forme quadrangulaire, supportent le plancher. La résidence de Zogo Kounè à Sa'a en est une parfaite illustration de ce modèle de case abandonnée dans la broussaille à Elig-zogo.

4.2.4. Type 4. Case en bauge à étage(R+1), piliers en briques de terre cuite, toit en tôles ondulées et préau en bois

Trois bâtiments répertoriés appartiennent à cette catégorie. Deux (02) édifices à étage (R+1) ont été découverts à Lebamzip, et un bâtiment à Mbakomo.

4.2.5. Type 5. Maison à étage (R+1) en briques de terre cuite avec un toit en tuiles

Cette architecture est présente dans certains sièges de commandement indigène de premier ou chefferie supérieure (Ngoulemekong, Obala), et de second degré ou de groupement (Efok, Endinding, et Nkolkossé). Ces bâtisses qui datent de la période coloniale française ont disparu ou sont en mauvais état de conservation à cause du manque d'entretien et de la négligence des héritiers des chefs.

La littérature historique revisitée a permis, d'une part, d'appréhender le statut du chef indigène tel que défini par les autorités coloniales françaises, et, d'autre part, de comprendre l'origine de la différenciation sociale et de la construction de l'identité individuelle. Les données ethnographiques collectées sur le terrain à partir des observations à l'œil nu et les sources orales lesquelles ont été complétées par les prises de vue permettent de rendre compte de la diversité des formes architecturales. Ces données indiquent les caractéristiques physiques de chaque type identifié et montrent que la construction des édifices mobilise le plus souvent les matériaux endogènes et ceux issus de l'importation. Les produits finis obtenus donnent lieu à ce qu'il est convenu d'appeler architecture en matériaux composites qui coexiste avec la maison en dur.

Chapitre 5 - La maison à étage en matériaux composites de Joseph Mebara Belibi, chef de groupement de Lebamzip I

La maison à étage en matériaux composites est une architecture de synthèse qui combine les matériaux locaux et ceux issus de l'importation. Trois vestiges architecturaux de cette nature ont été répertoriés sur l'ensemble de la zone d'étude. Localisé dans le village Lebamzip (Mer 11°29' ; Par 4°15')[16] l'édifice comprend le rez-de-chaussée et l'étage en abrégé (R+1). Cette architecture peu développée porte en elle, la marque de l'innovation technique tant dans la conception qui privilégie la verticalité que dans la réalisation. Construit dans les années 1930, l'édifice est habité par les descendants du chef malgré son mauvais état de conservation.

5.1. Les données historiques sur le palais et son bâtisseur

Il nous appartient d'écrire l'histoire de ces chefs sans faits d'armes mais qui ont réalisé d'immenses œuvres. Plus que lui-même, c'est le palais qui a révélé son existence. À ce jour, Joseph Mebara Belibi serait oublié. D'après Onguéné Mebara, chef de groupement de Lebamzip I, le chef Joseph Mebara Belibi serait né à

[16]*Dictionnaire des villages de la Lékié*, ORSTOM, I.S.H, n°29, Yaoundé, 1966.

Lebamzip I vers 1886[17]. Son père, Belibi Mebara du clan *mvog namnyié* était un chef traditionnel (*Nkuma nnam*) et sa mère, la nommée Nga Domo était une fille du clan *mvog kani* de Loua près d'Obala. Adolescent, le jeune Mebara Belibi passe le rite *so* comme il était de tradition à cette époque. À la mort de son père (?), Mebara Belibi lui succède suivant le principe du droit d'aînesse en vigueur dans la coutume Bëti. Par la suite, il est désigné *capita* (représentant du chef) par Gilbert Essala alors chef de groupement Nkolbogo[18].

Homme dynamique, il s'adonne à la culture du maïs, des arachides, du palmier à huile et du cacao. Il extrait l'huile de palme et les palmistes qu'il vend aux Européens et se fait de l'argent. Cette aisance financière l'amène à multiplier des conquêtes par rapport à sa vie sentimentale. Il accumule les femmes signe de prestige et de richesse chez les Bëti. Il épousera en tout sept (07) femmes.

Nga yina du clan *menyiémbassa* de monatélé ;

Bella Nga Nomo du clan *mvog-kani* de Loua ;

Boni et Ambani de l'ethnie *adji (bassa*) ;

Nga Owono du clan Etoudi ;

Ananga (*Ibon- beloua*) ;

---

[17] Entretien avec Onguéné Mebara, 62ans, chef de groupement, Lebamzip, Le 19/03/2008.

[18] Entretien avec Raymond Nkoa, 90 ans, notable, Lebamzip, le 19/03/2008.

Bilegue Anne du clan *esselé*[19]. Dans l'héritage du chef, figure en bonne place, une grande bâtisse.

5.2. Construire un palais pour s'affirmer et s'affranchir

Avant d'être érigée en chefferie de groupement, Lebamzip était un village qui dépendait du groupement Nkolbogo dirigé par Gilbert Essala dans le ressort du commandement Eton-Est, du chef supérieur Albert Ateba Ebe. Le projet de construire un palais intervient à la suite d'un malheureux incident survenu entre Gilbert Essala et son *capita*. En fait, les sources orales racontent que

> Gilbert Essala avait convoqué une réunion de travail à Nkolbogo à laquelle prenaient part tous ses subalternes (chefs de villages et capita). Nkolbogo était le siège de la chefferie. La réunion se tenait dans une salle située à l'étage. Au moment où Joseph Mebara Belibi arpente l'escalier, le chef se plaça devant la porte et lui ordonna de descendre. Cette réaction est due au fait que, le *capita* de Lebamzip Joseph Mebara Belib appartenait au clan (*mvog beloua*) considéré comme des esclaves. Pour cette raison, il lui était interdit d'accéder à l'étage (*yob*) où siégeaient les nobles. Suite à cette humiliation, Mebara Belibi rentra dans son village et prit la décision de construire une maison à étage[20].

---

[19] Entretien avec Onguéné Mebara, 62ans, chef de groupement, Lebamzip, Le 19/03/2008.

[20] Idem.

Comme on peut le comprendre, dès son retour à Lebamzip, la réaction ne se fît pas attendre. Il se devait de laver l'affront pour s'affirmer. En tant que grand planteur, les possibilités financières ne manquent pas. Il avait diversifié ses cultures dont la vente lui procurait des revenus. Alors qu'il n'est que *capita,* il entreprit de bâtir un palais spacieux. Il s'agit d'un véritable acte de défiance qui visait à s'affranchir de son supérieur hiérarchique. Au début, il souhaitait utiliser la brique de terre cuite. Mais, le problème de main d'œuvre qualifiée ne tarda pas à se poser. C'est ainsi qu'il opta finalement de bâtir une maison à étage (R+1) en bauge entre les claies avec un préau en bois et de la couvrir avec les tôles ondulées en zinc. Ces caractéristiques architecturales marquent une « nouveauté » et crée la différence avec la résidence de Gilbert Essaga dont la toiture était jusque-là en nattes de raphia.

La première difficulté qui se posait, était celle du recrutement d'un charpentier qualifié. À cet effet, il embaucha un certain Olinga plus connu sous le nom d' « Olinga *cabinda* » qui signifie (Olinga, le menuisier). Ce technicien était du clan *Abam ngoué* de Sa'a. Le scieur s'appelait Antoine Ekobo, un *Esselé* originaire du village Zouatoupsi près d'Efok. Une fois les techniciens recrutés, le *capita* lança les travaux de son chantier.

5.3. Analyse structurale de l'édifice

Le diagnostic archéologique a permis d'examiner l'emplacement du bâtiment, d'observer minutieusement les murs et les différents matériaux qui les composent, les phases de construction et de reprises, et la technique d'élévation des poteaux. Le palais est construit dans un espace dominant et vaste où le chef avait une meilleure vue de la concession. L'implantation de cette case en piquets s'est faite suivant un plan rectangulaire de 16m de long et 11,5m de large, et totalise de bas en haut onze (11) pièces dont cinq (05) au rez-de-chaussée et six (06) à l'étage.

L'analyse des murs montre deux types de matériaux identifiés en fonction de leur origine géographique. Les matériaux locaux (bois, bauge, traverses, lianes, briques de terre cuite, argile kaolinite) et ceux issus de l'importation (tôles ondulées, pointes, et ciment) qui ont été rassemblés pour construire les différentes parties de l'édifice.

5.3.1. La composition des murs

Une observation minutieuse des murs permet de se rendre compte de la complexité des éléments qui les composent. Au rez-de-chaussée, ils se caractérisent par une armature faite de poteaux en *éwome* (*Coula edulis*) sur lesquels sont entrelacées les baguettes de branches de palmiers (*Elaeis guineennsis*) ligaturées avec des lianes (*Bouma-neuropelthis acuminata*). Le garnissage des murs est fait de bauge et pétris à l'argile kaolinique. Le pétrissage est la dernière étape de finition des murs de cet édifice. Les motivations de cette opération sont d'ordre esthétique. À l'étage, les façades extérieures sont recouvertes de planches d'iroko (*aban-chlorophora excelsa*)[21] fixées avec des clous. Les refends s'élèvent à (5,96m) au-dessus du sol et la technique utilisée pour leur mise en place est la bauge entre claies.

5.3.2. Les piliers

Les piliers sont des éléments porteurs en maçonnerie qui soutiennent le plancher. Ils sont en briques cuites de dimensions moyennes (29cmx12cmx6cm) jointoyées au mortier de ciment. Chaque pilier présente une section de 44cm et mesure 3m de haut. Ils soutiennent le plancher qui contourne la maison et forme le sol de la véranda. La production des briques s'est faite *in situ*. À l'époque, l'emploi de ces matériaux n'était pas courant car, peu de techniciens maitrisaient le procédé de fabrication.

5.3.3. Le plancher

Pour les édifices à étage, le plancher est la division qui sépare le haut du bas. Cette structure horizontale qui supporte les charges (poids des habitants et du mobilier) doit être suffisamment solide dans un contexte où le fer à béton n'était pas

[21] Entretien avec Onguéné Mebara, 62ans, chef de groupement, Lebamzip, Le 19/03/2008.

disponible pour en faire usage dans la construction des bâtiments. Le plancher est fait de poutres quadrangulaires en bois massif d'iroko (*Chlorophora excelsa*) encastrées aux murs. Les planches sont disposées horizontalement et fixées à l'aide des pointes de manière à former un tablier.

5.3.4. La charpente

Le matériau de la charpente est le bois débité en lattes et en chevrons. La forme de la charpente présente quatre versants fortement inclinés pour faciliter l'écoulement des eaux de pluie. Les éléments de la structure sont assemblés par liaison tenon-mortaise.

5.3.5. La couverture du toit

Les matériaux de couverture sont des tôles ondulées en zinc disposées en écailles de poisson et fixées sur la charpente avec des clous.

5.3.6. Les ouvertures : portes et fenêtres

À propos des ouvertures, deux types de fenêtres ont été identifiés. Les fenêtres à panneaux semi persiennes au rez-de-chaussée et les fenêtres vitrées à l'étage. Chacune d'elle, présente deux (02) battants fixés sur le cadre avec des paumelles. Les portes ont chacune un battant avec des panneaux. Les planches d'iroko (*Chlorophora Excelsa*) sont largement utilisées.

5.4. Organisation du travail pendant la construction

En théorie, la production du bois de charpente, du plancher et des ouvertures a impliqué les scieurs. Les maçons quant à eux, ont participé à l'élévation et au crépissage des piliers. Une telle réalisation fait appel à une main d'œuvre familiale et/ou environnante, compte tenu de la personnalité de Mebara Belibi qui, aux dires de Raymond Nkoa, « était propriétaire de plusieurs esclaves, mais aussi des prisonniers. Ces deux groupes ont exécuté la majeure partie du travail : transport de matériaux et participation directe aux travaux de construction. Quant aux femmes du chef, elles s'occupaient de la nutrition des ouvriers[22] ». Selon la même source, le gros de l'effectif des travailleurs était des prisonniers arrêtés dans les villages par la police de Mebara Belibi dont les chefs étaient, Ayina Nomo secondés par Ohandja Nkara et Eloundou Biloua.

Les retombées de la réalisation de cet imposant palais ne se font pas attendre. Une fois, la construction de l'édifice achevée, Mebara Belibia a sollicité et obtenu de l'administration coloniale française, la création du groupement *mvog namnyié* dont le siège de commandement est Lebamzip I. À sa mort en 1939, il fut remplacé par son frère, François Minkulu. Le palais fut l'objet de curiosités au point de servir de cadre pour

[22] Entretien avec Raymond Nkoa, 90 ans, notable, Lebamzip, le 19/03/2008.

le tournage du film *Sango Malo* du cinéaste camerounais.

L'habitation est dans un état de conservation déplorable. La toiture a été refaite, un pilier a été reconstruit avec des moellons. Cependant, on observe dans l'ensemble, le mauvais état des piliers qui supportent le plancher et le préau qui risque de s'écrouler. L'absence des ouvrages d'assainissement compromet dangereusement la durée de vie de ce monument historique qui est un bel exemple de synthèse entre tradition et modernité.

Photo 4. Vue de la façade principale du palais de Mebara Belibi 30/10/1998.

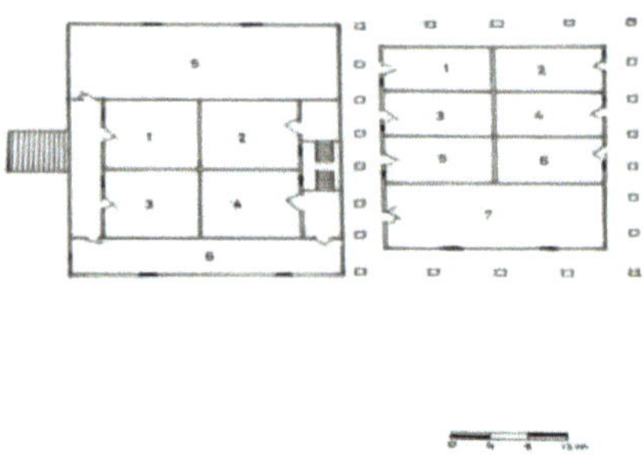

B. A.

Fig. 6 : Plan de distribution du palais de Mebara Belibi. Réalisé par Niomi Benjamin

A - Rez-de-chaussée

1,2. Chambres à coucher
3. Bureau du Chef
4. Chambre à coucher des agents de la police
5. Bureau des notables
6. Chambre à coucher des agents de la police
7. Salle de réunion et tribunal coutumier

B - Étage

1. Chambre du chef
2. Chambre à coucher
3. Chambre des hôtes du chef
4. Chambre à coucher
5. Séjour.
6. Couloir.

Chapitre 6 - Le palais en « matériaux définitifs » d'Albert Atéba Ebe, chef supérieur des Eton-Est à Obala

Le palais d'Albert Atéba Ebe est un édifice construit en plein centre de la ville d'Obala. Bâtit sur une superfi cie de 571m², le bâtiment à étage est construit en « matériaux définitifs » et totalisait trente-deux (32) pièces. Cet édifice historique, véritable joyau architectural est présenté dans l'*Encyclopédie de la république unie du Cameroun*, 1981:237 comme étant la résidence de Charles Atangana, chef supérieur des *Ewondo* et des *Bënë*.

6.1. Albert Atéba Ebe

Il ne s'agit, en aucun cas, d'écrire la biographie de ce grand chef, car cela a été fait par (Ombolo, 1998 :159-184). Nous nous préoccupons de la période qui va de sa naissance à sa désignation comme chef.

Ateba Ebé est né vers 1881 au lieu-dit Mboua II, un hameau situé à 2km d'Obala (Ombolo, 1998 :159). Son père, Ateba Yana, du clan *Esselé*, était un *nkukuma* (chef traditionnel). Sa mère, Ebe était du clan *Tsinga*, installé sur la route de Yoko dans le hameau *menyagda*. Le jeune Ateba Ebe suit une éducation traditionnelle comme les jeunes de son âge. Cependant, il n'aura pas de chance d'aller à l'école occidentale compte tenu de la distance qui séparait le village de l'établissement situé à Mvolyé à Yaoundé. Le jeune homme entre donc dans la vie active en se faisant embaucher comme cuisinier par les militaires allemands qui explorent le Cameroun (Ombolo, 1998 :160). Cette activité le conduira dans plusieurs localités du pays y compris au Nord où il va acquérir une connaissance de la langue *Fulfuldé*. De retour au village en 1911, il se convertit au christianisme et reçut le prénom d'Albert. Le moment était également venu pour ce dernier de prendre femme. Il choisit une fille du clan *mendoum* la nommée Ngah'Wono Véronique[23].

Les Allemands qui sont devenus propriétaires du Cameroun dès 1884, avaient besoin des auxiliaires d'administration pour gérer le pays. Ceux-ci recherchaient avant tout, des hommes influents et autoritaires pour contrôler les masses mouvantes des immigrés (Barbier, 1983 :30). C'est ainsi qu'Ateba Yana qui était déjà un chef coutumier, doyen du clan *Esselé*, fut désigné comme la plupart de ses collègues, chef de village d'Obala.

Selon les sources orales, au moment de l'intronisation officielle du chef Atéba Yana et compte tenu de son âge avancé, ce dernier proposa à l'administration allemande ses deux fils Bessala Melono et Albert Ateba Ebe[24]. La tradition en vigueur chez les Bëti veut qu'en matière de succession, le fils aîné succède au père. C'est ainsi que Bessala Melono

---

[23] Entretien avec Albert Ateba Nomo, 60 ans, chef de groupement, Obala, le 10/10/1999.

[24] Entretien avec Albert Ateba Nomo, 60 ans, chef de groupement, Obala, le 10/10/1999.

fut intronisé chef de village. Quelques années plus tard, Bessala Melono à cause d'un péculat, est arrêté et jeté en prison par les Allemands. L'intérim à la chefferie est alors assuré par son frère cadet Albert Ateba Ebe. Ce dernier sera confirmé à ce poste par l'administration française en 1917[25]. Quand l'administration coloniale française décida de réorganiser le commandement indigène en 1922 Imbert (1973) par la création des unités hiérarchiques du commandement indigène, Albert Ateba Ebe fut porté à la tête de la chefferie supérieure des Eton Est. Auréolé de sa promotion, il lança avec l'aide de la population, la construction d'une résidence à étage « *ndà dob* » orgueil de tous les chefs, même ceux de degrés inférieurs comme le dit (Ombolo, 1998 :171).

Le chantier débute en 1923 et s'achève en 1925[26]. Le problème de terrain ne devait pas se poser. Le chef disposait d'un patrimoine foncier évalué à 27 ha à Obala. Il fallait également trouver l'architecte qui devait conduire cet ambitieux projet. Celui-ci fut confié à Thomas Ottou, un Mvog *Atemengue* de Yaoundé. Le technicien semble-t-il s'est inspiré de la résidence du commissaire Marchand pour la composition des façades qui portent de nombreuses voûtes.

[25] Idem.

[26] Idem.

6.2. Technique de construction du palais

Au terme de l'observation directe de l'édifice, on a pu identifier les matériaux utilisés pour le bâtir. Les matériaux céramiques sont constitués de briques de terre cuite, de tuiles, et de carreaux. La céramique est l'art de la terre cuite (Mveng, 1980 : 120). Dans l'*Encyclopédie Universalis* le terme s'applique à « l'art de fabriquer les poteries ». De manière précise, la céramique est une activité consacrée à la production des pots. Rice pense que "*in art and archaeology the term ceramic usually excludes construction or industrial products (cement, bricks, abrasives)…*" (Rice, 1987: 4). Pour lui, les matériaux comme la brique de terre cuite n'est pas la céramique. Ce point de vue ne fut partagé par Hausonne. Pour cet auteur, la céramique est « l'art de fabriquer les objets en partant des matières premières minérales, mélangées et broyées, des objets façonnés généralement à l'état plus ou moins plastique et auxquels la cuisson vient donner les qualités définitives » (Hausonne, 1969 :22). La céramique a joué un grand rôle dans la construction.

6.2.1. Les matériaux en céramique

Historiquement, l'usage de la céramique est ancien. On la retrouve d'abord comme mobilier domestique ou artistique au néolithique, puis à l'Age du fer dans les restes de fourneaux de réduction au site d'Oliga à Yaoundé (Essomba, 1991). À partir de 1884, année de l'occupation du Cameroun par les Allemands, la technique de fabrication des produits céramiques (briques cuites, tuiles et carreaux) se développe (Von Mende, 1988). La tradition orale dit que le gisement d'extraction de l'argile ayant servi de matière première se trouvait à Bikogo-Assi sur l'ancienne route Obala-Yaoundé, à 500 mètres environ du site de construction. Les données archéométriques montrent que les briques sont de forme rectangulaire et mesurent 20cm x10.5cm x 6cm. Les carreaux ont les dimensions suivantes : 14cm x14cm x 4cm. Les tuiles sont plates avec une extrémité semi-circulaire. Elles sont longues de 20cm, larges de 15cm et épaisses de 1.5cm. Ces mesures représentent les moyennes. Il existe des incertitudes de l'ordre de plus ou moins deux (02) centimètres. Ceci traduit le caractère artisanal de la production des matériaux.

La technique de fabrication de la brique, de la tuile et du carreau est le moulage de la terre argileuse dans de petites caisses en bois appelées localement (*ewali*), comme le souligne Claver Elong (70 ans), notable du village d'Obala. Selon la même source, une fois les matériaux fabriqués, ceux-ci subissent deux opérations. La pré cuisson et la cuisson.

La pré cuisson se fait à l'air libre et a pour but, le retrait d'eau dans les matériaux. L'opération peut durer une journée. Elle est tributaire des conditions climatiques. En effet, la production se déroule généralement en saison sèche. La cuisson des matériaux est faite dans des fosses et dure quelques heures, avec comme combustibles la paille (*imperata cylindrica*) et les feuilles mortes de bananiers. Toutes ces opérations se déroulent à Bikogo-Assi et l'activité concernait davantage les hommes.

6.2.2. Le bois

Le bois utilisé est l'iriko (*aban-Chlorophora excelsa*). Il a été choisi pour sa résistance, semble-t-il, mais aussi à cause de sa disponibilité dans l'environnement du site. Le bois est scié dans des fosses. Les sources orales collectées n'ont pas permis d'identifier les scieurs. Le choix des matériaux présentés dépend de deux facteurs : un site favorable pour l'obtention des matières premières et l'existence d'une main-d'œuvre nombreuse et dynamique ayant un savoir et un savoir-faire éprouvés. Une fois les éléments de la construction rassemblés, l'implantation du bâtiment devait se faire suivant un plan bien défini.

Dzou Tsanga 10/02/2007

<u>Photo 5.</u> *Vue de la façade principale de la chefferie supérieure des Eton-Est*[27].

Dzou Tsanga10/02/07

<u>Photo 6.</u> *Vue du pignon droit de la chefferie supérieure des Eton-Est.*

---

27 Une architecture imposante à l'image de cette unité de commandement indigène. Dans une perspective du développement du tourisme culturel, ce palais doit être restauré et valorisé.

Le palais était constitué de trois bâtiments aux dimensions ci-dessous :

Désignation	**Nombre de pièces**	**Longueur (m)**	**Largeur (m)**
Bâtiment principal rez-de-chaussée plus un (Bp : R-d-c+1)	18	29	14
Bâtiment intermédiaire rez-de-chaussée plus un (Bi : R-d-c+1)	8	8	8
Bâtiment secondaire rez-de-chaussée plus un (Bs : R-d-c+1)	6	14,5	7

Tableau 4 : Présentation du nombre de compartiment de l'édifice.

Une partie du palais étant détruite, nous avons reconstitué le plan de construction sur lequel on peut observer la distribution des pièces. Il a été possible, avec l'aide de deux informateurs nommés Ateba Nomo et Elong Claver, de ressortir la nomenclature du bâtiment. L'édifice comprend : le rez-de-chaussée et l'étage (R+1). La caractéristique du palais est qu'il présente un plan similaire au rez-de-chaussée et à l'étage. Chaque niveau de l'édifice avait un rôle précis. Le rez-de-chaussée était réservé au service administratif de la chefferie alors que l'étage servait de logement au chef et à ses hôtes.

Ce palais pouvait accueillir plusieurs personnes. Selon l'importance de l'évènement : grandes cérémonies, foires, expositions. Le rez-de-chaussée était souvent transformé en logement de circonstance, comme l'indique Claver Elong[28]. Au total, l'édifice comptait 32 pièces réparties entre le rez-de-chaussée et l'étage. Cette structuration est commune à la plupart des anciens palais à étage : les monuments de Zogo Kounè Ngono(Sa'a) et de Simon Etaba (Efok).

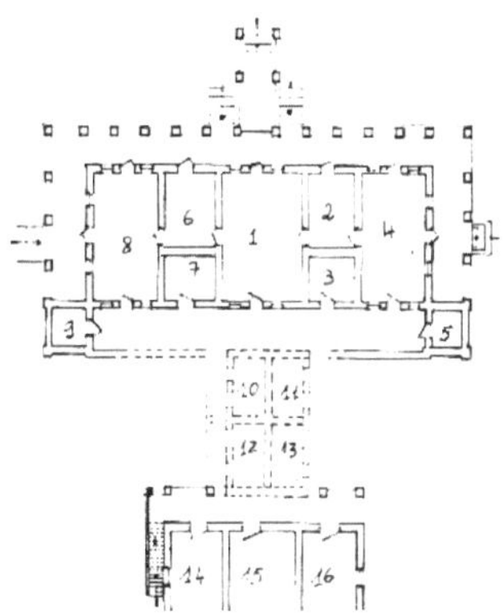

Nomenclature

1. Salle de réception
2,3. Bureaux des notables du tribunal
4. Tribunal coutumier
5. Toilettes
6,7. Bureaux des employés
8. Bureau du chef supérieur
9. Toilettes
10,11. Chambres à coucher
12, 13. Cellule pour les corvéables
14, 15, 16. Cuisines

Fig. 7 : Plan de distribution du palais au rez-de-chaussée. Dessiné par Claude François Tsanga Ebodé. n°1. Rez-de-chaussée. E : 1/200.

[28] Entretien avec Claver Elong, 70 ans, notable du village Obala, le 28/10/1999.

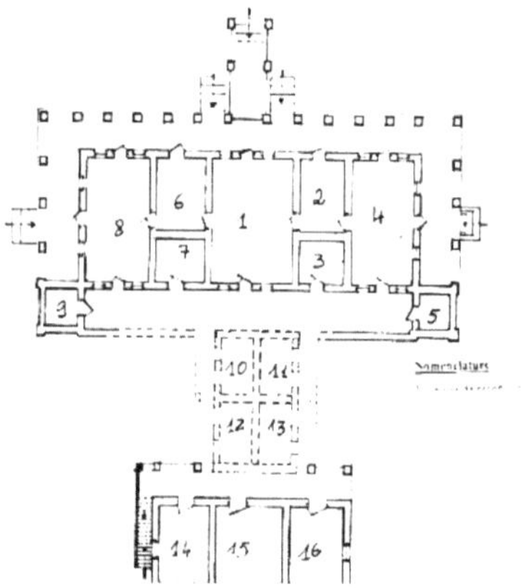

1- Salle de réception
2- Salle de séjour : 30m²
2 et 3- Chambres à coucher des enfants : 12m²x2
4- Chambre du chef : 24m²
5- Toilette du chef : 9m²
6et7-Chambres des collaborateurs de hautes du chef : 12m²x2
8- Chambres d'hôtes : 24m²
9- Toilettes des hôtes : 9m²
10,11 et 12-13 Chambres à coucher ?
14, 15,16-Cuisines.

Fig. 8: Plan de distribution du palais à l'étage. Dessiné par Claude François Tsanga Ebodé.

E : 1/200.

6.4. Le gros œuvre

La technique de construction est la mise en œuvre des procédés d'exécution de bâtiment (Dzou, 2000 : 92). Cette technique est fonction du type de matériau utilisé pour la construction des différentes parties de l'édifice.

6.4.1. La fondation et les murs

La fondation du palais d'Ateba Ebe est superficielle. Elle est faite d'assises de briques de terre cuite jointoyées au mortier de terre. L'appareil est régulier et alterne le petit appareil cubique et le petit appareil allongé.

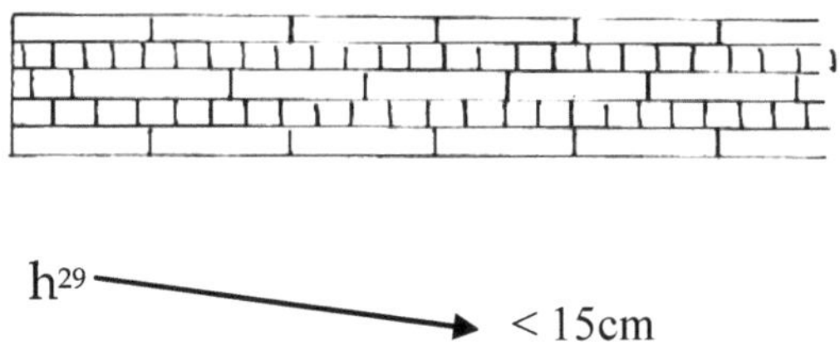

Fig. 9: Appareil régulier des briques de la fondation et du mur.

Les briques reposent sur un sol compacté au « *nac-nac* »[30]. Il s'agit là d'un défaut de conception dont la conséquence est la destruction des briques. Celles-ci sont placées en contact direct avec le sol ce qui entraîne les infiltrations d'eau par capillarité responsables des dégâts observés sur les fondations. Or, dans la construction de certains édifices, par exemple les églises et les résidences des chefs de subdivisions, les fondations sont protégées à la base par une assise de moellons.

Les murs jouent le rôle d'éléments porteurs tout en assurant la stabilité intrinsèque et la solidité de la

---

[29] *h* représente la hauteur du lit inférieur à 15cm (petit appareil).

[30] Instrument traditionnel qui sert à compacter ou à damer le sol.

construction soumise aux effets des charges et des actions variables de l'environnement. Ils sont massifs avec une épaisseur de 52cm. La hauteur est de 2,29m. L'élévation s'est faite par l'adoption d'un système d'alternance du petit appareil cubique et du petit appareil allongé joints par la terre. Cette technique d'appareillage des briques est continue sur toute la hauteur du mur et des piliers. Ce procédé d'assemblage des briques est largement répandu dans la construction des édifices. On le retrouve dans les presbytères, les bâtiments administratifs, les anciens magasins des commerçants européens et dans les églises.

6.4.2. Le plancher

Le plancher est une structure horizontale composée d'un assemblage de planches fixées par des clous sur des madriers encastrés dans les murs. Il sépare le rez-de-chaussée de l'étage. D'après notre informateur Claver Elong, le bois utilisé est l'*iroko* (*Chlorophora excelsa*). Les madriers sont parallélépipédiques et de dimensions variables. Ce qui suppose une exploitation artisanale du bois pour la production par sciage manuel à la fosse des éléments de la structure.

6.4.3. La charpente

La charpente présente une ossature en bois assemblée par tenon et mortaise et fixée par des chevilles **(fig.10)**. Le toit à arêtiers ou en croupe se caractérise par quatre versants reliés au faîte et couvert par des tuiles plates.

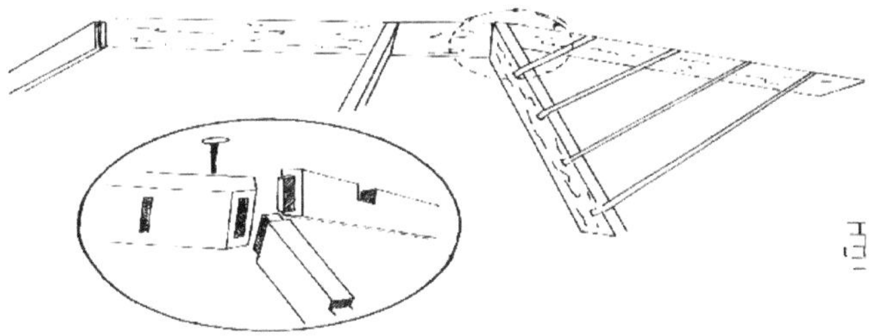

Fig. 10 : Assemblage par tenon-mortaise des éléments de la charpente.

6.5. Le second-œuvre

Le second-œuvre concerne les travaux de finitions. Il s'agit du revêtement des murs et du sol, et des ouvertures.

6.5.1. Revêtement des murs et du sol

Parlant des murs, ils ont fait l'objet d'un pétrissage manuel d'argile récoltée aux abords de la Foulou, rivière qui draine une partie de la ville d'Obala. Cette technique vise à faire un revêtement d'imperméabilisation et dissimule en même temps, les imperfections éventuelles du gros-œuvre. Toutes les parois de l'édifice ont été ensuite peintes à la chaux pour donner une allure éclatante au palais.

À l'instar du palais de Foumban, le monument d'Obala présente un revêtement du sol par des carreaux en terre cuite de dimensions : côté 14cm ; épaisseur 4cm. Ils couvrent la véranda ainsi que tous les autres compartiments de l'édifice situés au rez-de-chaussée. Les cellules et les chambres des gardiens sont en terre.

6.5.2. Les ouvertures

Nous avons identifié deux types d'ouvertures, à savoir les portes et les fenêtres. Les portes sont de forme rectangulaire et mesurent 2,08m de hauteur sur 1,10 m de largeur. On distingue deux types de portes. Les portes à couverture sur barre sont celles que l'on rencontre au rez-de-chaussée, et les portes en panneaux à l'étage. Les panneaux sont disposés verticalement par rapport aux montants.

Les fenêtres sont également de forme rectangulaire et mesurent 1,47m de hauteur sur 0,85m de large. Elles sont à couverture sur barre au rez-de-chaussée et à panneaux semi-persiennes à l'étage. Cette menuiserie du bâtiment participe de la décoration de l'édifice. Elle se caractérise par une harmonie des formes au niveau des portes et des fenêtres au rez-de-chaussée et à l'étage.

6.6. Composition des façades

Le palais d'Albert Ateba Ebé se distingue par la composition des façades à travers lesquelles se dévoile l'esthétique du bâtiment. Il importe d'analyser les principaux éléments qui les composent.

6.6.1. Façade principale

Elle se compose d'un voile portant des arcatures et des claustras entre les piliers à l'étage. Chaque pilier est haut d'environ 05m et de section 52cmx62cm. La façade principale porte un escalier monumental qui donne accès à l'étage. L'édifice compte treize (13) arcatures, 14 piliers et 12 claustras en briques de terre cuite ajourées de dimensions 1.5m x1m qui servent de garde-fou. Aujourd'hui, la façade principale n'a plus que 13 piliers, un pilier s'étant écroulé.

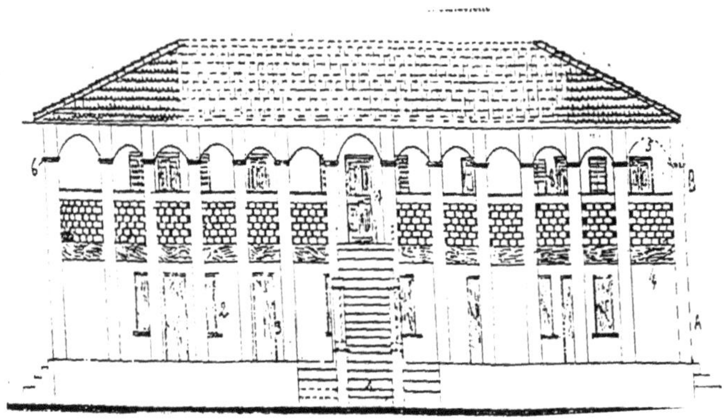

Fig. 10 : Relevé de la façade principale. Dessiné par Claude François Tsanga Ebodé.

A- Rez-de-chaussée
1. Escalier
2. Ouvertures
3. Porte à couverture sur barre

B- Étage
4. Claustras
5. Voûte
6. Bandelette.
7. Porte en panneaux
8. Volet en persiennes
9. Pignons droit et gauche

Sur les pignons, nous retrouvons presque les mêmes éléments que ceux que nous venons de décrire. Claustras, arcades, escaliers en miniature. Le pignon droit présente 4 claustras, 08 arcades et un escalier. L'autre compte 02 claustras, 04 arcades et un escalier.

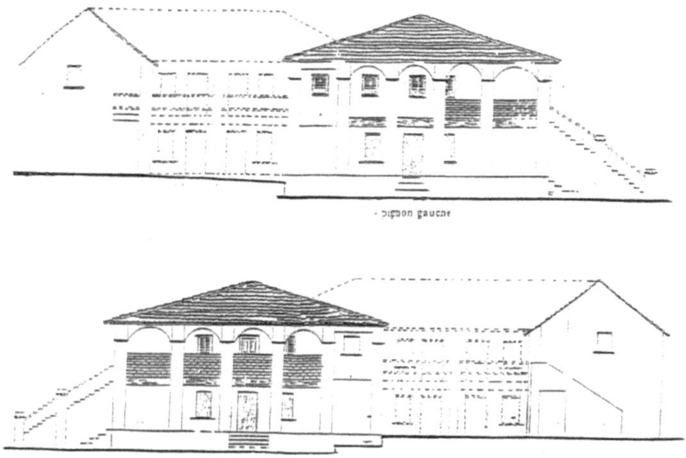

<u>Fig. 11 et 12 :</u> Relevés des pignons droit et gauche. Dessiné par Claude François Tsanga Ebodé.

6.6.2. Façade arrière

Les portes et les fenêtres sont les principaux éléments caractéristiques de cette partie de l'édifice. Ces éléments sont à couverture sur barres. Étant localisé à l'arrière-plan du palais, espace peu visible du grand public, peu de soins y ont été apportés (fig.13).

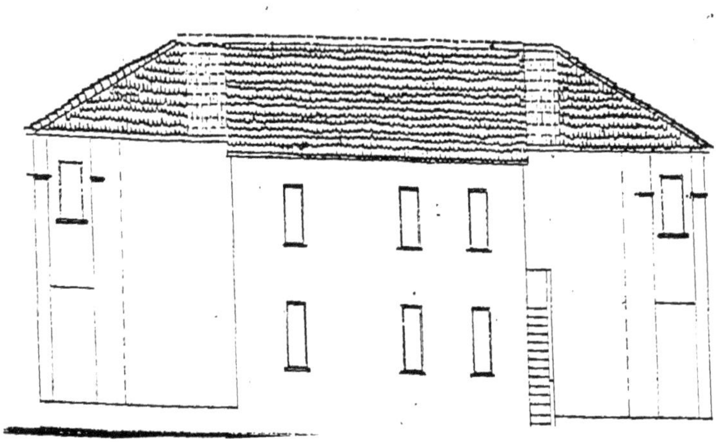

Fig.13: Relevés des façades arrières. Dessiné par Claude François Tsanga Ebodé.

6.7. Organisation du chantier et main d'œuvre pendant la construction

Il est difficile, faute de documents écrits et de témoins vivants, de décrire l'organisation du chantier. Les données recueillies auprès de Claver Elong sont des sources orales secondaires. D'après lui, le nombre d'ouvriers reste inconnu, mais il semble que le chantier en a mobilisé plusieurs.

Ateba Ebe était le maître d'ouvrage. Le chef du chantier était Thomas Ottou, qu'assistait Rodolphe Atangana, tous deux originaires de Yaoundé. Ces techniciens ont trouvé sur place une main d'œuvre locale abondante et particulièrement dynamique et dévouée. Selon Claver Elong, qui se souvient avoir appris que le chantier avait mobilisé des hommes et des femmes volontaires, des prisonniers, et des esclaves (*belò*) astreints à la corvée. Chaque acteur ayant un rôle précis à jouer.

Les femmes, en dehors de la nutrition des ouvriers dont-elles s'occupaient, assuraient également le transport des matériaux de construction (briques de terre cuite, tuiles) de *Bikogo- Assi* (gisement d'extraction de la matière première et de sa transformation) au site de construction. Le sciage du bois, activité pénible, était accompli uniquement par les hommes.

Le chef avait une police composée d'agents que les Eton appelaient « *pusni* » et les Ewondo « *fulus* », comme le révèle (Ombolo, 1998 : 166). Ateba Ebe avait mis sur pied, une police ayant pour mission d'attraper les délinquants et les corvéables pour l'administration coloniale et pour la chefferie. Certains agents de cette « police indigène » sont devenus célèbres, par exemple : Ayissi Bidzogo, Tuna Asse (du clan *Nkolbot*), Bélibi Noah (du clan *Ményagda*), Ayissi Biloa, Nnomo Bikobo, Ayissi Bikoro (du clan *Engab*) d'après un entretien avec Nomo Atéba Albert chef de groupement. Il ne fait pas de doute, la participation des prisonniers aux travaux de construction était inévitable. Dès lors, la police du chef « *pusni* » devait s'impliquer dans la surveillance des prisonniers dont elle avait la charge.

Le traitement des ouvriers était fonction de leur statut social. Si les techniciens qualifiés pouvaient bénéficier d'indemnités pécuniaires, des cadeaux (moutons et chèvres), ce ne fut pas le cas pour les autres. Les esclaves et les prisonniers étaient astreints au forçat et ne percevaient rien en contrepartie du travail au chantier sauf, naturellement, la nutrition qui leur était de fait. Mais, il n'est pas exclu qu'en échange de la participation aux travaux de construction, certains ont dû retrouver la liberté. Nous ne faisons là qu'une simple hypothèse qui pourrait s'avérer juste où fausse. Les autres ouvriers considérés comme manœuvres, c'est-à-dire n'ayant aucune qualification, faisaient du volontariat. Et, psychologiquement, le refus de prendre part aux travaux de construction pouvait causer l'angoisse ou entraîner des ennuis.

La construction du palais d'Ateba Ebe est une œuvre collective qui a impliqué une main d'œuvre abondante même si l'absence des documents écrits ne permet pas de donner le nombre exact de travailleurs. Mais, les sources orales s'accordent sur la composition des différentes catégories sociologiques ayant pris part à la construction. Techniciens qualifiés, prisonniers, esclaves, manœuvres, sont intervenus dans la construction. Ce palais symbolise le dynamisme des populations d'Obala, des Eton-Est sous la houlette de leur chef.

Le palais est en ruine faute de maintenance. La négligence des héritiers de l'ancien chef a fait le lit des facteurs d'altération des bâtiments. La végétation, avons-nous constaté, a poussé sur la toiture provoquant la destruction des tuiles et du bois de charpente. L'activité biologique (termites et des xylophages) est responsable de la dégradation, des poutres et des pannes de la charpente et du plancher. L'humidité des murs est due à l'absence d'ouvrages d'assainissement. La conséquence directe est la remontée d'eau par capillarité, cause de destruction des éléments porteurs qui sont : les piliers et les murs. La restauration de ce palais est une entreprise difficile compte tenu de son état de délabrement avancé cependant, il est possible d'envisager, une restauration intégrale du bâtiment tout en écartant la possibilité de recourir à l'anastylose.

Chapitre 7 - La maison du chef, un cadre de construction et d'expression des identités

Les Allemands et les Français avaient instauré des attributs qui visaient à marquer la différentiation sociale entre les chefs indigènes et leurs sujets compte tenu du rôle d'intermédiaire qu'ils jouaient au sein de d'administration. Auréolés de ce prestige, les chefs vont s'illustrer par l'amélioration de leur cadre de vie en construisant de grandes bâtisses qui sont remarquables par la forme et la technique de construction. La maison du chef est verticale ou horizontale. Elle est en dur ou résulte d'une hybridation technique qui fait la synthèse entre la tradition et la modernité.

7.1. Les éléments symboliques de construction de l'identité sociale et individuelle du chef

L'identité sociale dans le contexte de cet essai fait référence au sentiment des individus d'appartenir à un groupe de personnes qui sont appelées à incarner le pouvoir dit traditionnel dans les communautés. Les chefs indigènes se distinguent par des artifices symboliques que leur offrait le pouvoir colonial d'une part, et ce qui, de manière individuelle pouvait marquer la différence fut incontestablement leur demeure d'autre part.

7.1.1. Instauration des attributs du pouvoir des chefs indigènes

La construction de l'identité du chef indigène trouve son fondement pendant période d'occupation allemande qui s'échelonne de 1884 à 1916. En effet, le chef indigène jouait le rôle d'intermédiaire entre l'administration et les administrés. Par ce fait, il fut instauré ses attributs susceptibles de modeler cette nouvelle élite sociale. Pour cette raison comme le souligne l'historien « dès qu'une personne était proclamée chef par les autorités coloniales, elle recevait des documents officiels, un livret (*hauptlingsbuch*), une canne, des chapeaux, des drapeaux et des uniformes » (Ngoh, 1990 : 38). Les autorités allemandes ne furent pas les seules dans cette œuvre de construction de l'identité sociale, les Français sont ceux qui ont le plus matérialisé l'écart entre les chefs indigènes et leurs sujets.

> *Les français avaient imposé un modèle d'uniforme avec des insignes à la suite de l'arrêté du 4/2/1933 relatif au statut des chefs indigènes. Il faut reconnaître à cet arrêté, la matérialisation d'un modèle hiérarchique des structures de commandement indigène dont le niveau d'autorité se lisait sur les insignes que devait porter le chef. À ce sujet, l'uniforme des chefs supérieurs ou de régions présentait les caractéristiques suivantes ;*

> Tunique longue en drap ou toile kaki avec poches, fermée par sept boutons. Col portant de chaque côté de sa fermeture deux écuissons en

> drap rouge de 10cm de longueur et de 4cm de hauteur avec trois galons d'or disposés longitudinalement et sur toute la longueur. Pantalon de drap ou de toile kaki sans passe poil. Coiffure : casquette de drap ou toile kaki du modèle de la marine, comportant au-dessus de la visière un galon, d'or de 10 cm de longueur sur un bandeau de drap rouge.

En revanche, pour les niveaux inférieurs représentés par les chefs de groupement et les chefs de villages, Daniel Abwa relève la différence qu'il y'a entre les tenues de ces autorités :

> Pour les chefs de groupement et les chefs de village, la tunique, le pantalon et la casquette étaient du même modèle que celui des chefs supérieurs la différence se trouvant sur les insignes de grade. Les chefs de groupement avaient comme insigne de grade trois galons d'argent sur les écussons du col et les pattes d'épaule et un galon sur la casquette ; les pattes d'épaule et la casquette des chefs de village avaient quant à elles, un galon d'argent sur fond rouge. (1998 :196)

En se concentrant sur la question du statut social des chefs indigène, des dispositions réglementaires ont été prises pour leur témoigner une certaine considération qui faisait d'eux des élites au sein des communautés dont ils avaient la charge. Les autorités françaises voient dans la personne du chef, non pas seulement un auxiliaire d'administration qui devait jouer le rôle d'intermédiaire avec les populations, mais aussi un agent d'exécution qui recevait et appliquait les consignes. Ces marques d'attention furent garanties par l'arrêté du 4 février 1933. Dans l'alinéa 3 de l'article 5, il est dit qu'

> en aucun cas, les peines privatives de liberté infligées aux chefs indigènes par mesure disciplinaire ne seront subies dans les locaux pénitentiaires ; un local disciplinaire spécial devait être réservé à cet effet. Un compte rendu spécial sera adressé au commissaire de la République pour toute sanction infligée aux chefs de région et de groupement dans les conditions du présent article.

Il apparait que les actions menées par les puissances européennes qui ont administrées le Cameroun et qui viennent d'être mentionnées participent à la construction identitaire. Le but recherché étant de façonner et de faire émerger une élite politique indigène de manière à susciter le respect et l'admiration auprès des populations. L'autre élément matériel discriminant des chefs indigènes est la construction des habitations remarquables par leur architecture aussi bien sur les aspects techniques que fonctionnels.

7.1.1. Construire la maison à l'image du chef et construire pour ressembler au colonisateur

La maison est le reflet de ce que sont les hommes. Cette réalité fut exprimée autre fois par (Morgan, 1881) cité par D. Moisa, lors qu'il affirmait que « Dis-moi quelle maison tu habites, comment tu es logé [...] je te dirai [...] quel rang tu occupes dans la société humaine » (Moisa, 2010 :17). L'auteur pense que le statut social de l'individu détermine ses réalisations dont l'habitation constitue l'une des manifestations les plus visibles. Il importe de comprendre pourquoi les habitations les chefs indigènes du Cameroun central sont-elles particulières à un moment donné de l'histoire?

Les sociétés traditionnelles Bëti auxquelles nous faisons référence dans cette étude sont dites acéphales. L'autorité du chef est diffuse, et par conséquent, il ne dispose pas véritablement pouvoir comme c'est le cas dans la région des grassfields où la maison du chef est la manifestation du pouvoir. Les données collectées sur le terrain montrent que les habitations traduisent moins le pouvoir qu'elles ne matérialisent la dualité du genre entre la maison de l'homme (l'*abàà*) ou corps de garde et celle de la femme (*ndà*). Cette dualité est manifeste au regard des surfaces bâties et la position topographique des habitations. On observe que la case de l'homme (l'*abàà*) est plus grande que celle de la femme et occupe un emplacement stratégique pour la surveillance du patrimoine familial.

La rencontre avec l'altérité notamment les puissances européennes en l'occurrence l'Allemagne et la France va entrainer des changements dans l'art de construire. La maison se modernise progressivement. Le déterminisme environnemental ne conditionne plus l'opérationnalisation des procédés de construction. Le modernisme s'installe et impose une nouvelle donne visant à transformer le paysage architectural local. On peut bâtir entièrement les maisons avec des matériaux locaux ou les combiner avec ceux issus de l'importation. La consommation de ces matériaux créée de nouvelles techniques et fait émerger des types nouveaux qui sont adoptés par les populations locales et leurs chefs. Désormais, les maisons en écorces d'arbres et en terre battue sont remplacées par les habitations en semi dur ou en matériaux composites, et celles dites en dur.

Ce rapport qui lie la forme de la maison au temps et à l'espace est le fait du changement social que l'on considère comme l'ensemble de transformations observables et vérifiables sur de plus courtes périodes de temps (Rocher, 1968 : 17). Guy Rocher affirme que le changement social ne doit pas se confondre à l'évolution sociale dans la mesure où celle-ci représente l'ensemble des transformations que connaît une société pendant une longue période qui dépasse la vie d'une seule génération ou même de plusieurs (*ibid* :17). Cette distinction prend en compte le facteur temps au cours duquel s'opère un changement n'est pas très long pour qu'un individu assiste aux transformations.

Au demeurant, les observations de terrain qui ont permis de dresser un corpus des formes architecturales ont contribué à comprendre l'influence de la colonisation sur l'expansion et la diffusion des techniques de construction.

7.1.2. La formation d'une élite locale et son rôle dans l'expansion et la diffusion des techniques de construction

L'élite désigne une personne considérée comme la meilleure, la plus remarquable d'un groupe, d'une communauté. Blanchet fut l'un auteur ayant mené une réflexion sur la question de l'élite. Pour lui, l'élite regroupe l'ensemble « des individus, les meilleurs ou les plus remarquables et constitue une expression couramment employée, non sans confusion, pour désigner les hommes qui s'élèvent au-dessus de la masse et qui jouent ou qui sont aptes à jouer un rôle prééminent » (Blanchet, 1983 : 15).

Historiquement, la question de l'élite remonte dans l'antiquité. Le concept fut appliqué dans les sociétés de la Grèce antique et selon Blanchet, il a été évoqué par les penseurs grecs notamment Platon et Aristote. Le premier prône le gouvernement des meilleurs, c'est-à-dire des sages, et le second fait l'apologie d'un gouvernement issu de la couche moyenne des citoyens. Par rapport à cette approche hellénistique de l'élite, on peut dire que les chefs traditionnels se sont distingués parmi les indigènes comme le prévoyaient les autorités coloniales en instituant les attributs du pouvoir ou en prenant des actes administratifs comme cet arrêté du 4 février 1933. Ils ne furent pas seuls dans cette entreprise de modernisation de l'habitation, on peut aussi mentionner l'élite économique constituée des planteurs et des acheteurs de cacao, des commerçants grecs pour ne citer que ceux-là.

7.1.2. La maison du chef comme agent de domination et matérialisation du pouvoir

En considérant le bâti, et particulièrement, la maison du chef comme un vestige archéologique et élément de la culture matérielle, l'analyse s'oriente vers la compréhension de l'univers technique en faisant recours à l'archéométrie et l'archéographie. Puis dans l'étude symbolique de la maison du chef pour définir son identité sociale et individuelle.

En construisant les maisons à étage, les chefs indigènes y ont apporté un soin sur la présentation physique des résidences qu'ils habitent et qui reflètent leur position social. Les données collectées çà et là dans la région et qui concernent ces chefferies montrent que trois chefs supérieurs étaient propriétaires des maisons à étage Awana Koh Jean à Ngoulmekong ; Atéba Ebe Albert à Obala, et Zogo Kounè ou Zogo Fouda Ngono à Sa'a). Statistiquement, 100% de palais de chefs supérieurs sont à étage.

L'échantillon des maisons des chefs de groupement totalise neuf habitations donc six à étage (Efok, Endinding, Nkolbogo, Lebamzip, Mbakomo, Nkolkossé). Elles représentent en tout 66, 66%. Le nombre de maisons simples est de trois.

Dans l'ensemble de ces palais, les plans de construction sont différents les uns des autres.

Contrairement au plan d'un seul tenant en vigueur dans les maisons traditionnelles précoloniales, des divisions sont introduites pour créer des compartiments chambres à coucher, le salon, un endroit pour les toilettes. Un escalier majestueux donne accès à l'étage. Cet élément représente un symbole du pouvoir.

Les matériaux de construction observés se composent des briques de terre cuite, des tuiles en abondance, et du bois pour la réalisation du gros œuvre (Efok, Edinding, Ngoulmekong, Obala). Le palais de Nkolkossé a été restauré entre-temps et la tôle en aluminium a remplacé la tuile. L'observation des murs montre que les éléments ont été joints au mortier de terre. Par la suite, ils ont fait l'objet d'un habillage à l'enduit. On les qualifie de maison en dur.

Pour les chefs de groupement, quelques résidences présentent des matériaux composés de poteaux en bois, un clayonnage servant d'armature des murs de terre battue qui sont recouverts d'enduits de ciment ou pétris avec de l'argile. La tôle ondulée en zinc les recouvre. Ils sont appelés maison en semi dur.

Les chefs de village qui avaient semble-t-il des revenus plus modestes que leurs supérieurs hiérarchiques se contentaient de construire à l'horizontale en accordant un soin à certains détails. Pétrissage des murs et plus tard crépissage au mortier de ciment. Ils adoptent la peinture à la chaux. Ces caractéristiques techniques témoignent de l'appartenance de ces individus à un groupe donc les membres occupent une position sociale comme le montre les maisons construites verticalement ou horizontalement.

Les études récentes dans le champ symbolique de la culture matérielle ont permis d'étudier l'objet dans son rapport avec la société et non plus uniquement avec son environnement. C'est dans cette nouvelle approche du lien entre l'objet et le sujet que l'on peut comprendre au niveau interprétatif, le fondement de l'archéologie post-processuelle que défendent Christopher Tilley (2006), Daniel Miller (1987), Hodder (1982) et bien d'autres.

Originellement dans les pratiques architecturales locales, la maison à étage n'existe pas. Celle-ci prend le nom de « maison d'en-haut » ou « maison du ciel » (*ndà dob ou ndà yob*) du fait de son élévation verticale. Le choix du modèle de maison et de sa réalisation par le chef est un acte d'affirmation du pouvoir économique et de domination politique. L'habitation devient un identifiant qui communique sur le statut social du propriétaire.

7.1.4. Construire et habiter une maison semblable à celle de l'autorité coloniale, du *ngomna*

Le modèle de référence du chef indigène est sans contexte l'autorité coloniale encore appelée *ngomna*. On cherche à tout prix à bâtir une demeure semblable à la sienne qui se trouve à Yaoundé où du haut de son palais, elle donne des ordres au pays. Les résidences de Hans Dominik, de Charles Atangana, du haut-commissaire impressionnent et marquent les esprits. Ces réalisations deviennent le cadre de référence pour le projet de construction. Deux cas de figure se présentent. Les chefs supérieurs et les chefs de groupement privilégient la verticalité par ce que disposant un plus de moyens financiers que procurent la vente des produits agricoles. Construire à l'horizontalité loin de symboliser l'égalité, traduit la facilité et l'absence de pouvoir et de prestige. La forme finale de la maison du chef est le plus souvent, le rez-de-chaussée et l'étage. En effet, la propension à rechercher la hauteur vise à matérialiser sur le terrain la domination du chef sur ces sujets car, dans l'échelle sociale, le chef occupe une place privilégiée. Pour se distinguer, il adopte le modèle de maison du colonisateur. Cette habitude de la reproduction des techniques et des formes architecturales devient une obsession pour le chef indigène pour qui, la maison devient symbole du pouvoir.

Conclusion et perspectives

L'histoire du Cameroun s'est enrichie avec l'exploitation des œuvres architecturales qui sont une catégorie de sources matérielles et par conséquent de la documentation archéologique. L'étude du bâti sous toutes ses formes a donné lieu à la naissance à l'archéologie du bâti. Son déploiement dans le champ de la recherche sur le terrain en Afrique centrale et particulièrement au Cameroun pose encore de sérieux problèmes.

La mauvaise conservation des vestiges *in situ* à cause des conditions climatiques défavorables comme le climat, l'humidité, l'alcalinité des sols et l'activité biologique. La nature des vestiges architecturaux constitués pour l'essentiel, des matières organiques principalement des végétaux (bois, feuilles, lamelles, lianes). On comprend que pendant la période précoloniale, les œuvres architecturales sont le fait du déterminisme environnemental. Ils disparaissent et rarement on a trouvé des traces.

Or, l'avènement de la colonisation apporte de nouvelles techniques de construction qui reposent sur l'usage des enduits hydrauliques, de la tôle en zinc et la production des matériaux issus de la transformation par le feu des matières premières. La cuisson des matériaux de construction visait à accroître la résistance de la tuile et de la brique pour la réalisation des habitations solides. Il devient donc possible de trouver en dans les sites les indices qui matérialisent la construction (fragments de briques, de tuiles, les traces de fondation, les parties du mur).

L'étude des sièges de commandement indigène permet de saisir la réalité de la dynamique des techniques architecturales et l'identité sociale et individuelle des anciens chefs indigènes. Il s'agit de revisiter depuis la période précoloniale en passant par l'époque coloniale, la matérialité du pouvoir dans les sociétés traditionnelles à partir de l'analyse des formes architecturales développées par les chefs indigènes. Ce que nous avons observé après la collecte et l'analyse des données, est qu'avant l'occupation du pays par l'Allemagne et la France, les maisons des chefs coutumiers présentent une certaine homogénéité qui traduit le déterminisme écologique d'une part, et marque le caractère diffus de l'autorité par l'absence d'une architecture de pouvoir. Pendant la période coloniale, on assiste à l'émergence des maisons en semi dur et aux maisons en dur, bien que l'habitation à étage soit le privilège d'une catégorie d'autorité en l'occurrence les chefs supérieurs et certains chefs de groupement. Cette image des maisons construites à la verticale encore méconnues dans les pratiques architecturales des populations locales devient un agent de domination mais aussi de clivage social entre les dominants et les dominés, les chefs et leurs sujets. Dès cet instant, la maison devient symboliquement la matérialisation des aspirations du chef en tant qu'expression de sa puissance économique, de sa grandeur et de la capacité à s'adapter au temps.

Le bâti se trouve donc au cœur du nouveau paradigme d'analyse en archéologie qui s'appuie sur l'étude de l'action social par la symbolique de la maison chef. Cette approche que nourrit le post-processualisme et donc l'un des défenseurs est l'archéologue britannique Christopher Tilley (2006) constitue un nouveau axe de recherche qui mérite d'être exploré.

Références bibliographiques

Thèses et mémoires

Abwa, D., *Commandement européen, Commandement indigène au Cameroun sous administration Française 1916-1960*. Thèse de Doctorat d'État ès Lettres, histoire, 2 Vol. Université de Yaoundé I, 1994.

Datouang Djoussou, J.-M., *Étude d'une maçonnerie traditionnelle : les Diy-Gid-Biy des monts Mandara*. Mémoire de DEA, Université de Yaoundé I, 2006.

\- *Patrimoine et patrimonialisation au Cameroun. Les Diy-Gid-Biy de monts septentrionaux pour une étude de cas*. Thèse de Doctorat/Ph.D, Université Laval, Québec, 2013.

Dawn, R.A., *Eye of the chief on Top. Archaeological investigations of DGB Sites of Northern Cameroon*. Master of Arts thesis, University of Calgary, 2004.

Dugast, I., *Inventaire ethnique du Sud Cameroun*. Mémoire de l'IFAN, Série population, n°1, 1949.

\- *Monographie de la tribu des Ndiki (Banen du Cameroun)*. Vie matérielle. Paris, Institut d'ethnologie, 1955.

Dzou Tsanga, R., *Inventaire des monuments historiques de la Lékié (1884-1960), et étude particulière du palais d'Ateba Ebe Albert à Obala : approches historique et archéologique*. Mémoire de maîtrise en archéologie, Université de Yaoundé I, 2000.

- *Dynamique de l'architecture dans la Lékié entre 1884 et 1960 : approches historique et archéologique.* Mémoire de DEA en Archéologie, Université de Yaoundé I, 2004.

- *Dynamique de l'architecture dans la Lékié entre 1884 et 1960 : approches historique et archéologique.* Thèse de Doctorat/Ph.D en Archéologie, Université de Yaoundé I, 2013.

Elouga, M., *Prospection archéologique dans la Lékié et étude particulière du site de Nkometou (Mfomakap).* Mémoire de maîtrise, Université de Yaoundé, 1985.

-*Archéologie du Cameroun Méridionale : étude de la céramique des sites du Sud de la boucle de la Sanaga.* Thèse de Doctorat/Ph.D. en Archéologie, Université de Yaoundé I, 2001.

Essomba, J.-M., *Le fer dans le passé des sociétés du Sud Cameroun.* Thèse de Doctorat d'État ès lettres (histoire ancienne), Université de Paris I, Panthéon-Sorbonne, 2 Vol, 1991.

Essomba, Ph. B., *Voies de communication et espaces culturels au Cameroun sous domination allemande de 19884-1916.* Thèse de Doctorat d'État ès lettres histoire, Université de Yaoundé I, 2006.

Mbida, M.C., *L'émergence de communautés villageoises au Cameroun méridional. Étude archéologique des sites de Nkang et de Ndindan.* Thèse de doctorat, Université Libre de Bruxelles, 1996.

Messina, J.P., *Histoire des Manguissa des origines à 1910*. Mémoire de maîtrise en histoire, Université de Yaoundé, 1984.

Moisa, D., *Maisons de rêve au pays d'Oas :(Re) construction des identités sociales à travers le bâti dans la Roumanie socialiste et postsocialiste*. Thèse de Doctorat, Université Laval, 2010.

Mvogo R.D., *Batschenga à l'époque coloniale allemande 1888-1916*. Mémoire de Maîtrise en histoire, Université de Yaoundé I, 1999.

Onomo Etaba, R.B., *Évolution de l'activité des missionnaires catholiques au Cameroun. Le cas de l'arrondissement d'Okola 1928-1980*. Mémoire de Maîtrise en Histoire, Université de Yaoundé, 1991.

Articles

Dillon, G.R., « Chiefly haueholds in precolonial Meta'society », in *Paideuma*, n°31, Stuttgart, FranzSteiner Verlag.GMBH, 1985, pp. 3-13.

Dzou Tsanga, R., « Archéologie du bâti dans la Lékié : essai de reconstitution structurelle du palais d'Albert Atéba Ebe à Obala », in *Annales de la FALSH*, Université de Yaoundé I, n°14, 2012, pp. 207-224.

- « Architecture et identités techniques au Cameroun », in *e-Phaïstos*, Vol. 1, 2016, pp. 36-48.

Etoa Oyono, G., « Splendeurs et problèmes des chefs traditionnels des territoires du centre-sud au lendemain de la Grande Guerre », Revue internationale des francophonies[en ligne], Mélanges de juillet 2018, publié le 24/7/2018, URL : http://rifrancophonies.com/rif/index.php?id=64.

Fourneau, J., « Le néolithique au Cameroun, les haches de pierre polie de Bafia et leur signification dans les sociétés indigènes actuelles », in *Journal de la Société des Africanistes* 5 (1), 1935, pp. 67-84.

François, J. L., « Les fondations des constructions monumentales. Évolution au cours des siècles », in Racinet, Ph. et Schwerdroffer, J. (Dirs.) *Méthodes et initiations d'histoire et d'archéologie*. Paris, Éditions Temps, 2005, pp. 252-264.

Jauze, J.B., « Contribution à l'étude de l'archéologie du Cameroun », in *Bulletin de la Société d'Études Camerounaises*, n° 8, 1944, 105-136.

Jeffreys, M.D.W., *"Neolithic stone impliments (Bamenda, British Cameroon)"*, in *Bulletin de l'IFAN*, n° 13 (4), 1951, pp. 1203-1217.

Ligny F., « Le dessin archéologique », in Racinet, Ph. et Schwerdroffer, J. (Dirs.) *Méthodes et initiations d'histoire et d'archéologie*. Paris, Éditions du Temps, 2005, pp. 191-199.

Blier, S., « Vernacular architecture », in Tilley, Christopher et *al.* (Dirs.), *Handbook of material culture*, London/Thousand Oaks, Sage, 2006, pp. 230-253.

Mbida, M.C., « Ndidan : synthèse archéologique d'un site datant de trois millénaires à Yaoundé », in *L'anthropologie*, n° 106, 2002, pp.159-172.

Nkui, N.P., "The Kom palace: its fondation, growth and significance" in *Paideuma* n°31. Stuttgart. FranzSteiner Verlag.GMBH, 1985, pp. 105-110.

Pradelles de la tour, C. H., « Le palais du chef dans une chefferie Bamiléké : Bangoua », in *Paideuma* n°31, Stuttgart. Franz Steiner Verlag.GMBH, 1985, pp. 31-47.

Reveyron, N., « Les nouvelles approches de l'architecture médiévale », in *Les dossiers d'archéologie*. Comment construisait-on au moyen âge ?, n°251, 2000.

- « L'apport de l'archéologie du bâti dans la monographie d'architecture », in *In situ*, n°2, 2002, pp. 1-15.

Tardits, C., « Le palais royal de Foumban », in *Paideuma* n°31 Stuttgart, Franzsteiner Verlag. GMBH, 1985, pp. 65-79.

Temgoua A.P., « les chefs traditionnels du sud cameroun forestier dans le circuit de l'économie du marché », dans Kpwang kpwang R. (dir.), *La chefferie « traditionnelle » dans les sociétés de la grande zone forestière du sud-Cameroun (1850-2010*, Paris, L'Harmattan, 2011, pp.171-183.

Von Mende, M., « Techniques de construction des édifices allemands au Cameroun de 1884 à 1916 », in Lauber, W. (Dir.) *Architecture allemande au Cameroun de 1884 à 1914*, Stuttgart, Editions Karl Krämer, 1988, pp. 42-56.

Warnier, J.P., « The mankon palace », in *Paideuma* n°31, Stuttgart, Franz Steiner Verlag. GMBH, 1985, pp. 15-26.

Tylley, C., « Metaphor, materiality and interpretation. The metaphorical transformations of Wala canoës », in Buchli, V. (Dir.) *The material culture reader.* New-York, Berg, pp. 22-55.

Ouvrages théoriques

Abwa, D., *Commissaires et Hauts-Commissaires de la France au Cameroun (1916-1960)*, Yaoundé, Presses Universitaires de Yaoundé et Presses de l'UCAC, 1998.

Barbier, J.C., *Feinboy Nketie ou comment devient-on chef au Cameroun à l'époque coloniale,* Yaoundé ISH/DGRST, 1983.

Blanchet, G., *Élites et changements en Afrique et au Sénégal*. Paris, ORSTOM, 1983.

Etoga Eily, F., *Sur les chemins du développement*. Yaoundé, CEPME, 1971.

Hausonne, M., *Technologie céramique générale. Faïences, Grès, Porcelaines*. Volume 1 et Volume 2, Paris, 2è edition revue et augmentée, 1969.

Hodder, I., *Symbols in action: ethnoarchaeological studies of material culture.* Cambridge, Cambridge University Press, 1982.

Imbert, J., *Le Cameroun,* coll. « Que sais-je? », n°1551, Paris, P.U.F., 1973.

Jokey, P., *L'archéologie*. Paris, Éditions Belin, 1999.

Kpwang kpwang R. (dir.), *La chefferie « traditionnelle » dans les sociétés de la grande zone forestière du sud-Cameroun (1850-2010*, Paris, L'Harmattan, 2011.

Laburthe-Tolra, Ph., *Yaoundé d'après Zenker 1895.* Extrait des Annales de la faculté des Lettres et Sciences Humaines de Yaoundé, n°1, 1970.

-Les seigneurs de la forêt. Paris, Publications de la Sorbonne, 1981.

-Curt von Morgen : à travers le Cameroun du Sud au Nord. Voyages et explorations dans l'arrière-pays de 1889 à 1891. Paris, Éditions Serge Fleury, 1982.

-Initiations et sociétés sécrètes au Cameroun. Paris, Karthala, 1985.

Lauber, W. (Dir.), *Architecture allemande au Cameroun 1884-1914*. Stuttgart, Édition Karl Krämer, 1988.

Lebeuf, A.M.D., *Les principautés Kotoko : essai sur le caractère sacré de l'autorité*. Paris, CNRS, 1969.

Leroi-Gourhan, A., *Milieu et Technique*. Paris, Albin Michel, 1973.

Lombard J., *Autorités traditionnelles et pouvoirs européens en Afrique noire. Le déclin d'une aristocratie sous le régime colonial*, Paris, Armand Colin, 1967.

Mballa Owono, R., *L'éducation traditionnelle et développement endogène en Afrique centrale*. Yaoundé, CEPER, 1990.

Miller, D., *Matérial culture and Mass Consumption*. Oxford, Basil Blackwell, 1987.

Mveng, E., *Histoire du Cameroun*. Paris, Présence Africaine, 1963.

- *L'art et l'artisanat africains*. Yaoundé, Éditions CLÉ, 1980.

Ngoh, J.V., *Cameroun 1884-1985 cent ans d'histoire*. Yaoundé, CEPER, 1990.

- *Nnomo Ngah'wono règnera sur les Eton*. Yaoundé, P.U.Y., 1998.

Obam, A., *Conservation et mise en valeur des forêts du Cameroun*. Yaoundé, Imprimerie Nationale, 1992.

Ombolo, J.P., *Les Eton du Cameroun*. Yaoundé, P.U.Y., 1978.

Racinet, P. et **Schwerdroffer, J.** (Dirs.), *Méthodes et initiations d'histoire et d'archéologie*. Paris, Éditions Temps, 2005.

Rice, P.M., *Pottery analysis*. Chicago, The University of Chicago, 1987.

Rocher, G., *Le changement social.* Paris, Éditions HMH, 1968.

Rudin, H., *Germans in the Cameroons 1884-1914. A case study in modern imperialism.* New-Haven, Yale University, 1938.

Suret-Canale J., *Afrique noire. L'ère coloniale 1900-1945,* Paris, Éditions Sociales, 1962.

Tessmann, G., *Die pangwe, völkerkuldliche monographie eines west Afrikanischen Negerstammen.* Lübeck, 1913.

Therrien L., *L'histoire de l'art en France, genèse d'une discipline universitaire,* Paris Éditions du CTHS, 1998.

Tixier, J. ; **Inizian M.L.** et **Roche, H.**, (Dirs.) *Préhistoire de la pierre taillée : terminologie et technologie.* Antibes : cercle de recherches et d'études préhistoriques, 1980.

Les informateurs

Noms	Âges /ans	Professions	Villages	Dates des entretiens
Ateba Nomo Albert	60	Chef de groupement d'Obala	Obala	10/10/1999
Elong Claver	70	Notable	Obala	28/07/1999
Fouda Thérèse		Pharmacien ne	Yaoundé	21/01/2004
Mboudou Telesphore	74	Agriculteur	Nlong	07/08/2007
Mvondo	73	Notable	Nlong	08/08/2007

Melingui				
Ntsama Ambroise	73	Planteur	Tala	26/10/1998
Nkoa Raymond	90	Notable	Lebamzip	19/03/2008
Onguéné Mebara Joseph	62	Chef de groupement	Lebamzip	14 /04/2007
Okala Blaise	78	Charpentier	Nkolmew outh	07/08/2007
Zogo Ferdinand	88	Ancien secrétaire de Zogo Kounè (Fouda)	Elig-zogo (Saa)	29/10/1998

Archives nationales de Yaoundé

J.O.C. n° 306, Arrêté du 04/02/1933 fixant le statut des chefs indigènes.

FA1/609 Malitzke und Puenjer 1913-1914.